农业科技自立自强若干政策问题研究

高旺盛　梅旭荣　毛世平　陈源泉 | 主编

中国农业科学技术出版社

图书在版编目（CIP）数据

农业科技自立自强若干政策问题研究 / 高旺盛等主编. --北京：中国农业科学技术出版社，2021.9

ISBN 978-7-5116-5491-5

Ⅰ.①农… Ⅱ.①高… Ⅲ.①农业技术-科技政策-研究-中国 Ⅳ.F323.3

中国版本图书馆 CIP 数据核字(2021)第 184039 号

责任编辑 穆玉红
责任校对 贾海霞
责任印制 姜义伟 王思文

出 版 者 中国农业科学技术出版社
北京市海淀区中关村南大街 12 号 邮编：100081
电 话 (010) 82106626（编辑室） (010) 82109702（发行部）
(010) 82109709（读者服务部）
传 真 (010) 82106626
网 址 http://www.castp.cn
经 销 者 各地新华书店
印 刷 者 北京建宏印刷有限公司
开 本 185 mm×260 mm 1/16
印 张 11.75
字 数 240 千字
版 次 2021 年 9 月第 1 版 2021 年 9 月第 1 次印刷
定 价 68.00 元

编写委员会

主　编：高旺盛　梅旭荣　毛世平　陈源泉

参　编：（按姓名笔画排序）

丁艳锋　王小龙　王敬华　方宪法　方　强
石自忠　冯雪娟　吕建秋　庄　严　刘晓娜
孙康泰　杜　婷　杨　帅　杨　坤　杨玉莹
杨信廷　杨炳南　杨富裕　李　波　李　雪
李文辉　李树辉　李新海　李慧泉　吴　迪
吴　浪　吴海华　张　熠　陈昆松　陈　雪
林青宁　金　晔　周　娜　周国民　胡一民
段　铮　徐志洋　郭建伟　黄文金　章芳芳
韩凤芹　程术希　雷薪玉　魏佳宁

前　言

习近平总书记高度重视农业科技工作，多次强调指出："农业现代化关键在科技进步。要给农业插上科技的翅膀。"在2020年全国春季农业生产工作会议上，习近平总书记进一步指示，要把"三农"工作摆到重中之重的位置，把农业基础打得更牢，把"三农"领域短板补得更实，要提升农业科技创新水平，并加快推广使用。为贯彻落实习近平总书记重要指示精神，科技部高度重视，科技部农村科技司研究决定启动"补齐农业科技创新短板　建设农业科技强国"专项调研工作，为此成立了专项调研专家组和专家工作组，深入开展"补齐农业农村科技短板"专项调研工作。

一年多来，调研专家组克服新冠肺炎疫情影响，组织开展了一系列政策研究工作，研究覆盖了世界农业科技指标、农业科技投入、农业高新技术企业、农业科技金融政策、涉农院所体制改革、农业科技创新人才、科技特派员制度、农业科技创新基地、地方农业科技创新等相关方面，形成了具有参考价值的调研报告，并梳理上报了关于农业科技强国指标、农业科技创新风险、农业科技短板与政策取向、粮食安全"两藏战略"科技创新等多篇专报。在此基础上，中国农业大学国家农业科技战略研究院联合国家农业科技发展战略智库联盟有关成员单位，进一步就农业科技自立自强问题进行了深入研究。通过总结、凝练有关研究成果，遂将这些研究报告选编成书，以供交流参考和讨论。

在此特别感谢科技部农村科技司的直接指导，感谢各地科技厅大力支持，感谢各位专家和参与人员的辛苦工作。由于水平有限，研究成果如有不足之处，敬请批评指正。

本书编写组

2021年4月

目　　录

总体报告

国际研究篇

科技投入篇

科技人才篇

企业创新篇

地方改革篇

总体报告

一、农业科技高水平自立自强战略对策研究

（一）高度认识农业科技高水平自立自强战略意义

1. 实现由农业大国向农业强国迈进必须要有强大科技实力

我国农业总体发展水平处于世界农业大国前列，正处于向现代化农业强国加速发展的新阶段。2021 年的中央一号文件指出，全面建设社会主义现代化国家，最艰巨最繁重的任务在农村，重点难点在“三农”，潜力后劲在“三农”，基础支撑在“三农”。习近平总书记指出：“中国现代化离不开农业农村现代化。农业现代化关键是农业科技现代化，要牢牢掌握我国农业科技发展主动权，为我国由农业大国走向农业强国提供坚实科技支撑”，以上为农业科技自立自强指明了方向，是农业科技发展的根本遵循。综观欧洲和美国、日本、以色列等农业强国发展历程，充分表明：世界农业强国必然是农业科技强国，没有农业科技现代化就不可能实现农业农村现代化。

2. 实现农业农村现代化发展目标必须要强化科技支撑

中央一号文件确定了到 2025 年农业农村现代化发展目标任务，要实现农业基础更加稳固，粮食和重要农产品供应保障能力更加有力，农业质量效益和竞争力明显提升，农村生态环境得到明显改善。面对新时期新任务，迫切需要全面提升我国农业科技发展四大能力：一是提升国家粮食安全科技支撑能力，确保我国粮食总量稳定在 6.5 亿吨以上，并不断满足未来粮食消费增长和消费结构变化的需求，实现粮食及主要农产品自主供给安全；二是提升现代农业绿色发展科技引领能力，在适应人多地少资源不足的基本国情前提下，坚守耕地 18 亿亩红线，破解农业增长与生态环境协调的重大技术难题，强化农业可持续发展基础；三是提升农产品质量安全科技保障能力，满足我国主要农产品消费向优质、安全、方便、营养方向发展的巨大需求，加速农业高品质高营养化发展；四是提升构建双循环新发展格局的科技竞争能力，主动应对我国农产品国际竞争力低下、主要农产品综合比较优势基本丧失带来的风险，塑造现代农业技术新优势，重构我国农业产业国际竞争力。

3. 加快建设世界农业科技强国任重道远

党中央提出要实现高水平自立自强，是站在未来国际科技革命和产业变革大变局维度上提出的更高层次更高水平的科技创新要求。从这个意义上讲，尽管我国农业在良种培育、高产种养、精耕细作等诸多常规农业技术领域已经处于国际农业技术前列，但高水平自立自强发展对标的是世界发达农业强国，争取的是国际现代农业科技主动权和话语权，核心目标是要把我国建设成为国际现代农业科技创新中心和重要引领力量。通过对处于前列的世界农业强国的农业科技支撑能力、农业技术水平、农业科技效率、农业

科技条件以及农业科技产出等19个指标评估，结果表明，我国目前距世界农业科技强国的实现度达到62%，在迈向世界农业科技强国的道路上，我国刚刚走了近2/3的路程，正处于“爬坡过坎”的关键阶段，加快推进农业科技强国建设是“三农”工作的当务之急，应当把农业科技摆在农业农村现代化的首要任务之列。

（二）聚焦未来农业科技自立自强战略重点

高水平自立自强必须着眼于未来农业科技制高点和新兴产业高地，着眼于强化国际引领性技术和颠覆性技术竞争力，把握重点，集中突破。

1. 集中突破生物育种核心技术，打造现代种业科技强国

未来是基因农业时代，基因控制技术是新一轮“绿色革命”的标志性竞争技术。种子是农业“芯片”，关系国家粮食安全战略。目前，国外已经进入“种质资源+生物技术+大数据”4.0时代，我国育种仍处在以杂交选育为主的2.0时代。我国虽拥有丰富的种质资源，但是由于长期以来，农业基础研究不足，原创性新种质新材料新技术受制于人，动植物核心种源的知识产权多数受国外种业巨头把控，其中速生型白羽肉鸡、生猪、奶牛的核心种源对外依存度分别为100%、90%和70%。建议国家确立“种业强农”战略，发挥举国攻关体制优势，组织实施国家种业科技创新工程，强化基因编辑、动物干细胞、合成生物学等基础前沿技术原创性突破，培育一批具有自主知识产权的核心种质资源和重大战略性新品种，加快转基因生物育种科学有序产业化应用进程。实施现代种业企业再造工程，下决心培养造就具有较强国际竞争力的龙头种业企业。

2. 集中突破智能农业关键技术，打造数字农业科技强国

未来是数字化农业时代，农业数字化高端技术装备是新一轮“绿色革命”的重大变革性趋势。我国现有高端农机装备核心部件及其材料技术、农业传感器核心感知元器件等主要依赖进口，国内装备技术与国外产品差距巨大。农业人工智能核心算法、应用系统、知识模型决策等核心技术及高端产品主要依赖国外。建议国家集中组织实施以企业为主体、产学研联合的国家数字农业科技工程，集中突破动植物生物智能感知与智能传感控制技术，强化新一代智能农机装备、智能新材料等关键技术研发，开发应用智能农业机器人、农业无人机、智慧农场、智慧牧场、智慧渔场等系统化技术体系，全面提高数字农业自主创新能力。

3. 集中突破绿色农业关键技术，构建生态安全农业技术体系

未来是绿色农业时代，绿色低碳循环技术将成为提升世界各国产业绿色竞争力的关键所在。我国农业在几千年发展中积累了用养结合、有机无机结合、间作套种、旱作农业等传统绿色技术，但由于长期受制于人口大国吃饱饭农业以及快速城镇化等对农业发展的压力，导致我国存在耕地质量退化、面源污染严重、水资源浪费、动植物灾害频繁

等许多突出问题。近年来，随着我国逐渐从全球绿色发展的参与者转变为引领者，加速我国由高消耗高污染农业向绿色低碳农业转型发展，对绿色农业技术形成了前所未有的新需求。建议国家组织实施耕地保育科技工程，系统部署重点农业区域保护性耕作、地力培育、休耕轮作、污染防治等关键技术研究，构建不同区域、不同类型耕地保育系统化技术体系。加强植物病虫害快速监测预警技术、动物疫病病原快速诊断等领域的技术研究，形成我国自主可控的农业生物安全防控关键技术体系与战略性产品。加强节水农业、旱作农业、循环农业、水土保持农业等领域关键技术研发，构建适合我国国情的区域化、场景化绿色农业技术体系。

4. 集中突破食品产业技术，构建营养健康农业技术体系

未来是健康营养农业时代，从“吃得饱”到“吃得好”再到吃出健康，梯次升级是现代农业产业发展重要趋势。从国际现代农业发展来看，发达农业强国都是食品产业强国，也是发达的一二三产业融合型农业。近年来，随着我国人民生活水平不断提高，以健康营养为导向的新兴农业不断发展，拥有巨大市场潜力，需要加快科技创新支撑。目前我国农产品加工率不足60%，而发达国家在80%以上，食品产业领域重大共性关键技术与核心成套装备制造落后，康养农业技术研究滞后于产业发展。建议国家统筹部署食品产业科技工程，集中开发高附加值的精深产品、健康食品、绿色制造、未来食品等。支持“数字技术+医疗健康+康养农业”等新业态新领域研究，延伸农业产业链，促进现代食品产业发展，实现农业一二三产业深度融合，全面提升现代农业产业链水平。

（三）加快推进农业科技制度创新与政策创新

1. 制度创新是实现高水平自立自强的必然要求

从创新驱动发展理论关于技术创新与制度创新双螺旋动力结构来看，高水平自立自强必须依靠深化改革和制度创新，没有高效开放畅通的创新制度和创新生态，就不可能实现技术创新的自立自强。世界高水平农业科技强国的创新生态系统有其共同特点，即高强度农业科技投入、高质量农业科技人力资源供给、高研发实力的农业创新型企业、高度融合的农业产业模式。我国整体上农业科技发展的制度创新滞后于技术创新内生需求，农业创新生态系统不完善不协调不畅通已经成为约束我国农业技术创新效能的突出问题，必须下大力气推动农业科技创新制度改革。

2. 切实把农业科技工作摆在更加突出地位

农业科技创新在国家科技总体布局中长期存在不重视农业基础研究、不重视农业高新技术、不重视农业科技周期长风险大的特殊规律等困惑与误区，从而导致在国家各类科技计划中迄今为止没有农业领域重大基础研究计划、国家科技主体计划中农业领域项

目财政投入比例连续下降、涉农高新技术企业发展缓慢等短板问题突出，迫切需要切实转变观念，把农业科技创新摆在整个科技工作更加突出地位，遵循农业科技创新规律，在项目安排、经费投入、立项机制等方面给予农业科技差异化强有力支持，为农业科技自立自强创造更加强有力的政策支持。

3. 重点打造国家农业战略科技力量

整合优势单位，集中最精干的创新力量，集聚最优质的科技资源，优先布局生物种业国家实验室，在新一代农业生物技术与合成生物学、农业资源高效利用与绿色发展、数字农业与智能装备、营养与健康、农业生物安全与公共卫生等领域新增部署一批国家重点实验室和国家技术创新中心。布局建设国家农业种质资源库、农业大数据平台、野外科学观测站网络体系和科技重大设施等。

4. 培育壮大农业创新型领军企业

加快培育一批具有核心竞争力的农业创新型企业，建立农业创新型企业培育制度，支持涉农企业承担国家重大科技项目，支持发展农业高新技术企业。制定鼓励涉农企业自主创新的差别化优惠支持政策，推进科企深度融合、社会资本深度参与，推动科技人才向企业流动，创新要素向企业集聚。

5. 重组构建国家现代农业科技创新体系

建议由国家有关部门牵头，组织制定《国家农业科技创新体系建设规划》，彻底改变目前农业创新布局混乱、创新资源分散、创新项目重复、创新效能不高等长期困扰农业科技发展的痛点难点问题，重组构建与农业科技创新特色相适应、实现科技与经济紧密结合的产学研用一体化、产业链与创新链融合的国家农业技术创新布局体系。深化涉农高等教育改革，强化农业战略型、领军型和专业型等各类人才培养与支持力度，夯实高水平自立自强的人才培养储备体系。打造面向乡村振兴的主体多元、服务多样、能力互补的农业科技社会化服务体系。改革农业科技创新项目组织方式和研发投入机制，完善农业科技人才评价、农业科研机构评估、农业科研项目评审制度等构建新时期农业科技创新治理体系。

二、建设世界农业科技强国若干问题研究

（一）世界农业科技强国的基本特征分析

世界农业强国基本上都在20世纪80年代前后实现了农业现代化，总体上有四个共同特征，即完全实现本国粮食安全自主稳定、农业科技实力强大、农业规模化经营、农业国际竞争力显著。农业强，根本在于农业科技强。世界农业科技强国也具有五个共同特点：农业科技投入水平高、农业科技人力资源质量高、农业企业研发实力雄厚、具有

直接影响产业变革的自主科技成果、具有科技经济深度融合的农业产业模式。

世界农业强国基本都根据各自国情形成了完善的农业科技创新支持体系。通过对美国、日本、以色列、德国等四个案例的分析，发达国家促进农业科技创新的主要经验如下6点。

1. 农业科技创新体系多层次、参与主体多元化

各国均形成了国家、地方、基层（企业、农民或农民合作组织）相互协作的多层次农业科技创新体系，国家和地方层次清晰，分工不同、协作有序。农业科技创新体系的参与主体涉及企业大学、科研机构、推广机构、农业企业、农民（农户）、农业合作组织等，各主体既相互独立，又具开放性，彼此间相互依存、相互渗透，科技流、资金流、人才流、信息流交互式流动频繁，保持了农业科技创新的稳定性、持续性和前瞻性。

2. 政府长期稳定支持作用举足轻重

在农业科技创新体系建设中，政府无论是采取直接干预方式（如日本）还是间接干预方式（如美国），均实现了对农业科技创新资源的有效配置。政府通过宏观调控，综合运用法律、经济、财政等手段消除创新主体间协调沟通的障碍，为体系建设营造了一个较为完善的农业科技转化制度环境和有效的运行机制，促进科研体制改革，培育创新主体，促使各创新主体相互整合与互动，鼓励其参与有序竞争和有效合作。

3. 强化农业法律保障作用

发达国家非常注重通过国家立法形式对农业科技创新进行保护和保障，以提升农业科技创新能力，增强农业竞争力。建立知识产权保护法，保护农业科技创新主体的利益免受侵害，激励各主体积极参与农业科技创新活动，消除因信息交流不当产生的知识产权纠纷。用法律法规保障各国农业科技研发、推广资金投入的比例和数量，重点支持基础性、前瞻性研究，保障各国国家性农业科技推广机构推广经费来源的稳定。

4. 创新活动资金投入保障有力

发达国家十分注意保持农业科技投入的强度，在注意加强国家财政预算确保财政投入的同时，充分发挥政府引导和政策导向作用，吸引和鼓励各种社会资金投入到农业科技创新，形成了由政府公共投资和企业、社会机构等私人投资共同分担的农业科技创新体系建设资金投入模式，投资主体多元化、投资来源多渠道。

5. 农业科技产学研合作密切

各国在农业科技创新体系建设中十分注意产学研密切合作，注意农业科技与农业生产的有效结合。各国实践表明，产学研合作成功主要得益于政府参与的引导性，创新主体间介入、组合方式的灵活性，农业科技成果转移、推广衔接的无缝性，创新主体间利益保护的有效性。

6. 注重提高农业科技人才素质

各国政府异常重视农业教育，将培养和造就农业科技人才视为实现本国农业科技发展战略的根基。在四个典型国家，农业从业者所体现出的共同特点在于文化水平较高、科技素养较高，主动参与农业科技创新研究项目和推广项目的热情较高，这与各国政府采用“自下而上”的工作理念，给予农业从业者更多决策权、参与权、话语权和创新动力密切相关。

（二）农业科技强国评价指标体系设计

农业科技强国的评价，最重要的是要体现“科技”的作用。调研组研究认为，评价一个国家是否是农业科技强国，需要在科技支撑能力、农业技术水平、农业科技效率、农业科技条件和农业科技产出5个方面处于世界发达国家的前列。其具体指标内涵如下。

1. 科技支撑能力

要成为世界农业强国，首先要保障本国的粮食安全以及重要农产品有效供给，其次是不仅要保障粮食及重要农产品的数量安全，更要保障食品的质量与安全。这是一个国家的立国之本，是发展农业科技的首要任务。要不断通过提高农业科技贡献率，为解决国家粮食安全与食品安全提供强有力的科技支撑。

2. 农业技术水平

农业技术水平的高低，表现在农业生产实际中即动物植物生产能力的提升、农业产业链的延伸增值以及农业现代装备水平的提高。最能体现这方面的指标主要是农作物及动物单产水平、食品工业产值与农业产值的比值以及农业机械化程度。

3. 农业科技效率

农业科技不仅要促进农业总产以及单产水平的提升，更要提升农业生产效率，而不仅仅单纯追求“不计成本”的“高产”，这也是一个国家农业产业竞争力的关键体现。我国农业竞争力低，遇到了原料价格“天花板”与加工产品价格“地板”的双重挤压，核心问题还是“效率”的问题。从经济效率的角度可以从土地产出率、劳动生产率来反映，从动物植物生产效率的角度可以从肥料利用率、水分利用效率以及饲料利用（转化率）来反映。

4. 农业科技条件

良好的科技创新环境不仅要为农业科技创新提供“燃油”，也要提供良好的“润滑剂”和“催化剂”。这方面重点从一个国家的农业科技人力资源、农业投入强度以及企业研发投入三方面来评价。

5. 农业科技产出

对于农业科技创新本身来说，论文、专利、品种、产品、标准等是主要产出。本研究重点考虑便于国际对比的论文和专利两个指标。但是农业科技创新活动的主要成果体现不仅是论文和专利，更重要的是促进农业科技成果对农业产业的“精准供给”，提高农业科技成果转化利用率。农业科技强，最重要的是要在“田间地头”、在“产业一线”能够看到科技的存在。因此，需要评价农业科技成果转化利用的情况。

在此基础上，调研组从科学性、全面性、可比性、简便性、易操性等原则，经过多学科、多群体、多轮次的研讨，在国内首次提出和设计了世界农业科技强国评价指标体系。主要包括：科技支撑能力、农业技术水平、农业科技效率、农业科技条件以及农业科技产出 5 个一级指标，19 个二级指标。据此收集整理中国与世界发达国家的数据，应用层次分析法进行评估。

（三）我国农业科技强国实现度评估结果

调研评估表明，我国目前世界农业科技强国的实现度达到 62%，在迈向世界农业科技强国的路上，中国刚刚走了近 2/3 的路程，与处于前列的世界农业科技强国还有明显的差距，正处于“爬坡过坎”的关键阶段，采取强有力政策措施，加快补齐农业科技短板是推进农业科技强国建设的当务之急。具体表现如下。

1. 世界农业发达国家具有较高科技支撑能力，我国总体实现度达到 80%

主要体现在国家粮食安全指数、食品安全指数及农业科技贡献率三个指标。其中世界前 10 名发达国家粮食安全指数平均达到 83，我国粮食安全指数为 71，世界排名 35 位。目前我国人均粮食占有量 475 公斤*，而发达国家人均粮食占有量 600 公斤以上。世界前 10 名发达国家食品安全指数平均为 86.2，我国食品安全指数为 72.6，排在 113 个国家的第 35 位。发达国家农业科技贡献率在 85%以上，我国为 59.2%。以上三个指标加权综合指标实现度为 80%，反映出我国近年来农业科技支撑能力不断提高，整体上已经处于世界农业大国的较高水平。

2. 农业发达国家具有领先的产业技术水平，我国总体实现度达到 70%

主要体现在粮食单产、畜产品单产、农产品加工增值、农业机械化率等指标。其中，粮食（谷物）单产世界前 5 名国家（美国、新西兰、法国、英国、德国）平均达到 7 330公斤/公顷，我国为 6081 公斤/公顷，高于世界平均水平（4 069 公斤/公顷），相当于发达国家的 83%。我国平均每头猪出栏胴体重 77 公斤，而发达国家可达 87 公斤。我国农产品加工增值指数（食品产业 GDP 与农业 GDP 之比）为 1.95，仅相当于世

* 1公斤=1千克，全书同。

界前 5 名发达国家平均指数 5.74 的 34%。我国农业机械化率为 69%，发达国家一般在 95%以上。四项指标加权综合指标实现度为 70%，反映出我国第一产业生产技术水平较高，但第二产业技术水平差距较大，农业产业链条较短，农业产业尚处于中低端层次。

3. 农业发达国家具有高质量科技产出水平，我国总体实现度达到 71%

主要体现在国际专利认可度、高水平论文影响力、科技成果转化率等。我国近年来农业领域的论文数量、专利授权数量跃居世界前列。我国学科规范化引文影响力（CNCI）指数为 1.06，世界前 10 名国家平均为 1.367，排名第一的瑞士达到 1.46。我国农业发明专利国际认可度仅 21.7%，世界前 5 名发达国家平均为 38%。我国农业科技成果转化率为 40%，而发达国家一般在 80%以上。我国农业科技专利竞争力指数仅次于美国，排名第 2 位。以上 4 项指标加权综合指标实现度为 71%，反映出我国农业科技产出数量总量积累已经达到较高层次，为培育形成更高质量的科技产出奠定了良好基础。

4. 农业发达国家具有显著的科技效率，我国总体实现度仅达到 50%

主要体现在土地产出率、劳动生产率、肥料利用率、饲料转化率、水分生产率等指标。世界前 5 名国家劳动生产率平均达到 80 389 美元/人，我国为 3 442 美元/人，仅为发达国家的 4%。我国土地生产率、肥料利用率、饲料转化率（猪料肉比）、水分生产率指标值分别相当于发达国家平均水平的 38%、56%、86%、67%。5 个指标加权综合指标实现度为 50%，反映出我国劳动生产率低下是影响农业效率的最大短板，我国农业资源利用效率差距较大，也说明提高农业科技效率的潜力很大。

5. 农业发达国家具有一流的农业科技投入条件，我国总体实现度仅 38%

主要体现在农业科技投入强度、农业科技人员投入、企业科技投入等指标。其中，世界前 5 名高投入国家平均农业 R&D 投入占农业 GDP 比重为 1.98%，我国为 0.62%，仅相当于 31%。我国农业科技人员投入相当于美国的 41%，我国企业研发投入占农业 R&D 约 30%，发达国家达到 70%以上。三项指标加权综合指标实现度为 38%，反映出我国政府农业科技投入不足、农业科技人才资源不强、企业创新活力不足是制约我国农业自主创新能力的三个最大短板。

三、我国农业科技面临的重大战略任务分析

我国农业发展将进入新的 10 年阶段，主要特征是人口增长即将出现转折（预计 2030 年人口达到 14.5 亿峰值）、经济发展将迈入中等收入国家较高水平（预测 2030 年人均 GDP 将达到 2 万美元，约占美国的 1/4）、城镇化率达到 68%以上，农业发展必将面临农业从业劳动力持续减少（农业从业人员将减少约 7000 万人）、农业产值比重持续下降（预计占 GDP 比重下降到 6%左右）、耕地及水资源刚性约束持续加剧等传统挑战，

与此同时还将面临在农产品消费水平不断提高（预计2030年我国粮食总消费量约8亿吨）、产业结构不断升级大背景下的粮食安全、生态安全、生物安全、国际贸易竞争等四大风险，农业科技创新承载着更加艰巨的任务，必须未雨绸缪，提高农业科技自主创新能力，才能从容应对各种风险与挑战。

（一）粮食安全风险不容忽视

1. 问题表现

（1）粮食生产能力低于世界农业强国。中国人口占世界22%，人均耕地不足世界平均1/2，人均水资源不足世界平均1/3。目前人均粮食产量475公斤，超过世界390公斤水平，但依然低于农业发达国家平均600公斤以上的水平。

（2）粮食安全指数处于不稳定保障国家之列。我国目前粮食消费总量约7亿吨，预计2030年将达到8亿吨，粮食供需矛盾和结构性矛盾凸显（新增粮食消费粮60%以上是饲料粮）。2013年全球粮食安全指数中国排在43位，2016年下降到46位，仍然处于全球“粮食不安全国家”（西方发达国家均在前20位）。

（3）粮食再上台阶难度极大。中国粮食生产量稳定达到6亿吨“高水平台阶”，接近自然资源潜力约束上限。粮食单产目前达到405公斤/亩*，但单产年增长难度持续加大，单产年增长率下降到0.9%。

（4）国内粮食生产“三个连续下降”。粮食比较效益持续下降：从2014年的751元/亩下降到目前的631元/亩。粮食播种面积连年下降：2017—2019年累计下降4 753万亩。大部分省区粮食自给率明显下降：2005—2018年，产销平衡区自给率由90%下降到77%，主销区自给率由40%下降到27%，主产区产量比重由74%上升到80%。

（5）中国成为世界粮食进口大国。2018年突破1亿吨，约占全球贸易量（5亿吨）的20%。大豆对外依存度高达80%。全球仍有8.2亿人口食物短缺，中国粮食依靠国际贸易将面临竞争风险持续加大。

2. 基本判断与科技策略

建立在人多地少、缺水多灾基础上的国家粮食安全始终处于“紧平衡、多风险、不稳定”的态势。我国粮食产量已经接近水土资源潜力上限，粮食安全进入主要依靠技术进步替代资源约束的新阶段，必须加快构建“两藏战略”系统化技术支撑体系。

一是构建“藏粮于地”四大技术体系：①以土壤肥力保育为核心的高产田稳产保育技术体系；②以提升基础地力为核心的中产田地力提升技术体系；③以减量绿色为核

---

* 1亩≈666.7平方米，全书同。

心的粮田绿色投入品替代技术体系；④以土壤修复为核心的重点污染农田土壤修复技术体系。

二是构建“藏粮于技”的六大技术创新体系：①种质资源挖掘创新体系；②现代种业技术创新体系；③粮食持续稳产高产的系统化技术体系；④重大作物病虫害绿色防控技术体系；⑤粮食作物智能生产装备技术体系；⑥高效节粮养殖与减少损失技术体系。确保到2030年创建形成近16亿亩高产田和中高产田，小麦、玉米、水稻、大豆等四大作物技术创新可以新增粮食产能近900亿公斤，四大作物粮食生产能力由目前的6.1亿吨提高到7亿吨新的台阶。

（二）生态安全风险矛盾凸显

1. 问题表现

（1）农业自然灾害频繁。2017年农作物受灾面积2.7亿亩，其中干旱面积1.5亿亩。我国每年因气象灾害粮食减少500亿公斤。

（2）农业面源污染突出。2017年第一次全国农业面源污染普查数据：我国农业源的COD、总氮、总磷分别占全国总量的43.71%，57.19%，67.23%。农业部数据显示，我国10.2%的耕地污染物超标。我国每年至少有1.5亿亩耕地农药污染超标，1.8亿亩耕地重金属污染超标。

（3）我国化肥、农药、地膜等化学投入品用量高居世界首位，且利用率不高。农作物病虫害化学农药防治占89%。我国农药年增长8%。单位面积农药用量是美国的2.3倍，杀虫剂用量是美国的14.7倍。

（4）自然生态基础脆弱。全国水土流失面积273平方千米。部分区域耕地质量退化问题依然突出。草原生态环境依然脆弱。全国中度和重度退化草原面积仍占1/3以上。外来入侵生物蔓延的态势依然存在。

（5）食品安全风险时有发生。全球食品安全指数发布，中国在113个国家中排名第35位。

2. 基本判断与科技策略

农业生态安全已经成为约束农业可持续发展的重大隐患，唯有依靠最强有力的科技创新和最严格的制度创新，才能避免走上一些西方农业发达国家“先污染后治理”的农业现代化老路。我国农业科技由主要注重生产科技为主向更加注重生态科技、绿色科技的新阶段转变，必须大力强化减药减肥农业、节水农业、生态循环农业等绿色技术体系创新，加强绿色投入品、农业面源污染、重金属污染、白色污染、食品安全等关键技术研发和场景应用。

（三）生物安全风险日趋严峻

1. 问题表现

（1）病虫害加剧趋势。全国农技中心连续发布预警：2020 年农作物重大病虫害累计发生面积约 45 亿亩次，预测今年玉米病虫害发生面积约 10.9 亿亩次，其中虫害 8.4 亿亩次。

（2）动物传染病形势严峻。全球 20 世纪 70 年代以来，全球范围内新发的动物疫病约 60 种，以病毒病为主，约 50%的传染病都是人畜共患病。根据 WHO（世界卫生组织）数据，全球近 30 年来感染人类的新发病中，有 75%来源于动物源性病原体。

（3）生物灾害损失巨大。近 30 年来，全球发生 10 余起重大动物疫情，导致经济损失近 1 000 亿美元。我国每年因传染病引起动物死亡的直接经济损失 400 亿元，间接经济损失约 1 000 亿元。

2. 基本判断与科技策略

随着全球气候变化加剧和我国现代化、城市化等不断发展，农业生物灾害将呈现多发频发新发局势，农业安全面临巨大风险。必须加强农业生物安全重大基础前沿和关键技术创新，持续增强农业生物安全预测预警和科技防控水平。

（四）国际贸易风险不断加大

1. 问题表现

（1）我国农产品国际贸易加快。2015 年全国农产品进出口总额 1867 亿美元，占全国 6.9%，中国农产品出口额占国际市场的 5.7%（美国 11.5%，欧盟 11.4%，巴西 6.0%）；进口额占国际市场的 9.8%（美国 9.7%，欧盟 10.7%，巴西 4.7%）。中国农业贸易市场开放度即全国农产品贸易总额仅占农业 GDP 的 20%（美国 55%，德国 143%），我国开放潜力巨大。

（2）我国农产品国际竞争力逐年下降趋势。主要农产品综合比较优势由 2000 年的 0.95 下降到 2017 年的 0.34，其中加工品和园艺产品的比较优势由 0.78 下降到 0.46。我国农产品出现大规模贸易逆差，国际竞争风险加大。

（3）国际产业技术竞争加剧。发达国家密集发布科技战略规划，争先恐后发展生物种业、智能装备产业、生物合成产业、数字农业、未来食品等前瞻性战略性高技术产业，争夺农业产业革命控制权。从种业来看，目前全球 70 多家跨国公司进入中国，其中前 10 强都在其中。我国食品产业已达 10 万亿元左右，占全国 GDP 的 8%，超过了农业产业规模，但食品产业国际竞争力依然不高。全球 500 强企业中，有 18 家食品类企业入围，其中中国企业 2 家。

（4）我国小农户经营为主体的农业经营模式不会根本改变。2016 年年底，全国 20 743 万农业经营户，其中规模经营农户 398 万户，仅占 1.9%（预计到 2030 年小农户经营依然占 85%以上）。目前全国有 220 万个合作社，覆盖近 50%小农户，家庭农场 70 万个，农业社会化服务组织 42 万个。科技如何培育小规模经营模式下的竞争力尚未完全破题，需要从乡村产业科技创新机制改革入手，找准突破口。

2. 基本判断与科技策略

我国农业进入全面开放、融入全球的时代，中国在世界农产品贸易中的地位日益提高。但是，小规模劳动密集型竞争优势几近殆尽，而技术密集型竞争优势处于劣势，国际贸易风险持续加大。我国农业科技必须把培育国际型企业、增强技术密集型竞争优势摆在优先战略地位。一方面必须依靠高新技术提升农业企业竞争力，控制产业链的技术话语权和掌控力；另一方面，必须依靠技术推广应用提升小规模经营模式的产品竞争力，发展高质量农业。

四、制约我国农业科技创新的主要短板分析

分析农业科技创新短板，必须从系统思维角度考虑，也就是把农业科技作为一个系统，把农业科技总体水平作为衡量该系统的基准线，这个“木桶”是由诸多分要素（木板）构成，长短不一，系统水平最终取决于最短的短板。最主要的要素集中在两个方面，一方面是系统外部产出能力水平，主要体现在科技支撑能力、科技贡献率、自主创新能力、科技成果产出等，这是系统的结果指标；另一方面是系统内部要素实现水平，主要包括资金投入、人力资本、基地条件、政策环境等，这是系统的因素指标。因此，科技创新短板包括了系统产出短板与创新要素短板两个方面。

（一）自主创新供给不足是实现农业科技自立自强的最大产出短板

1. 基础前沿研究进展加快，但依然处于追赶阶段

目前我国在农作物高通量精准鉴定、作物种质核心材料、畜禽核心种质、未来食品、农业传感器、有机污染物控制等诸多领域“受制于人”。农业基础研究投入仅占 17%，而发达国家一般在 30%左右。《2019 年全球农业热点前沿分析解读》显示，农业领域 8 个学科、14 个最具前沿热点研究方向，美国表现力指数为 120.3 分，位居第一位；我国为 89.7 分，位居世界第二位，相当于美国的 74%，差距不小。

2. 关键核心技术领先很少，技术依存度较高

国家第六次技术预测结果，我国农业农村领域技术领跑仅占 10%，并跑 39%，跟跑 51%，与领先国家总体相差 12.6 年。我国生猪、奶牛、白羽肉鸡、南美白对虾、苹果

等的核心种源对外依存度分别为90%、70%、100%、80%、70%。重大农机和食品装备核心部件90%以上来自国外。

3. 科技成果数量持续上升，但成果转化应用水平不高

我国农业发明专利申请量世界排名第一，但国际农业发明专利授权率仅21.7%（发达国家为37.7%）。我国每年各类农业科技成果数千项，但实际转化利用率仅为40%左右（发达国家70%以上）。全国平均仅有23%的农业技术成果处于可以产业化阶段（发达国家67%）。

（二）科技投入不足是约束农业科技创新的最大要素短板

1. 政府农业科技投入强度长期不足

OECD数据表明，2017年中国政府公共农业研发投入占农业GDP比例仅为0.62%左右，远低于世界前5名国家平均1.98%的水平（瑞士3.06%、加拿大1.90%、巴西1.82%、日本1.73%、美国1.40%）。

2. 政府农业科技投入比重持续下滑

我国政府农业科技投入占全国科技投入的比重由2001年的8.9%下降到2015年的5.35%，农业科技投入占全国财政总支出的比例由0.33%下降到0.22%，近几年还有所下降。

3. 农业企业研发投入积极性不高

全国企业研发投入占全国R&D的75%，而农业企业研发投入占农业R&D不足30%，相比较制造业等其他工业领域，农业领域企业科技创新投入严重不足。大部分涉农企业属于中小企业，企业自主研发投入占总收入比重低于1%，而工业企业一般在3%以上。

4. 绿箱政策中农业研究支持偏低

按照农村人口估算，我国绿箱政策总支出人均331美元（美国2039美元、日本1913美元），支出占黄箱、蓝箱、绿箱总支出比例为78%，美国、欧盟一般在85%以上；农业科研支出占绿箱支出比例中国为24%、美国46%、欧盟50%、韩国69%。

5. 金融资本支持农业科技乏力

2018年全国银行机构农业科技贷款余额约354亿元，仅占同期涉农贷款的0.11%。发达国家重视发挥政策性银行“压舱石”作用，通过有效机制，与商业银行、合作金融等建立协同融合、相互补充的科技创新金融支持体系。国家科技成果转化基金已经设立21个子基金，但没有农业领域。

（三）农业企业创新能力低下是制约农业科技跻身世界前列的突出弱项

1. 涉农科技型企业数量少

截至2019年年底，全国高新技术企业超过22.5万家，涉农高新技术企业8 920家，仅占4%。2015年全国高新技术企业营业收入25.37万亿元，涉农企业1.36万亿元，仅占5.4%。2016年全国5000家新三板上市企业中，农业企业仅282家，占比不足6%。

2. 涉农企业技术能力弱

“十三五”国家重点研发计划农业领域11个重点专项共455个项目中，企业牵头项目仅54个，占11.8%，经费占8.7%，涉农企业研发主体地位尚未确立。2016年全球500强22家涉农企业中，中国大陆仅中粮集团公司1家，排名在121位。全国500强企业中，涉农企业仅20家食品饮料企业和9家农业企业。2016年发布的国家重点支持高技术领域一级目录8个，没有专设农业领域，在51个二级目录中，只有一项农业生物技术。

3. 涉农企业创新政策不到位

调研结果显示，山东省享受企业加计扣除政策的涉农企业数量占所有享受企业数的6.55%，享受政策金额数占总数的6.32%。新疆2018年涉农企业加计扣除金额占总数10.72%。11个国家农业科技园区统计数据显示，享受该政策的企业占比仅2.5%。200家涉农企业问卷调查显示，有20%企业对科技政策没有积极性，认为加计扣除统计标准不适合涉农企业，大部分企业认为申报高新技术企业门槛太高。

（四）农业科技人才匮乏是阻碍农业科技创新后劲的关键问题

1. 高层次人才短缺

2011—2019年，农业领域中科院院士新增5人，增选人数占全部新增的1.7%，占生命科学和医学学部增选人数的9.4%。截至2019年，中国工程院院士农业学部83人，占9.1%，人数在9个学部中排第八位。2019年农业领域国家杰出青年基金获得者占总数4.7%。

2. 专业技术人才不足

《中国科技人才发展报告》数据，2017年，全国公有经济企业事业单位技术人员总量为3 148.5万人，其中，农业技术人员数量67.9万人，占比为2.2%。我国每万名农业从业人员所拥有的农业科技人员数为32.4人，仅相当于美国78.2人的41%。全国农业科研机构研发人员约6万人，其中57%从事种植业，仅16.7%从事基础研究。2017年我国规模以上工业企业研发人员273万人，而从事农产品加工业等仅5.2万人，仅占1.9%。

3. 农村实用人才缺乏

乡村振兴关键亟须，一大批懂科技的职业农民和社会化技术服务队伍。目前，我国共有农村实用人才2 000万人，平均每万亩耕地有111人，而新型职业农民仅1500万人，只占全国2.07亿经营农户的7.2%，每14户仅有1名职业农民。现有农技推广人员55万人，科技特派员80多万人，成为活跃在农村一线的重要力量，但存在机制僵化、效率不高等问题。

（五）农业科技管理效能不高是影响农业科技创新的制度性障碍

1. 农业科技与产业结合不紧密

目前，我国农业科技项目过多集中在大学和研究机构，企业参与度很低，农业科技成果数量多，高质量成果少，技术就绪度低，很难产业化应用。企业普遍认为高校或科研院所的研发成果过于“高大上”，企业遇到的很多技术难题，高校和科研院所又不愿做或无力去做，科技研发与产业市场需求脱节的“两张皮”现象十分突出。

2. 农业科技创新体制不顺畅

我国虽然拥有较为庞大的农业科研机构（2016年全国农业科研机构1 184个，占全国总数的1/3，居于各行业之首），但存在各级科研机构定位不清、研究方向同质化严重、创新主体各自为战、区域创新资源配置不合理等诸多体制性问题。农业科研机构分类改革停滞不前，绩效不佳，严重影响科技创新效能。

3. 农业科技创新管理机制不适应

目前，农业科技项目执行周期都为5年或者3年，与动物育种周期至少十几年、植物育种至少8年以上的创新特点存在很大矛盾。农业科技项目资源配置中稳定支持比例不足30%，而发达国家农业科技项目经费约70%以上采取稳定滚动支持方式。科技项目竞争性太多，几年内变化调整频繁，不符合许多农业科技活动周期长、公益性强的特点。

五、加快农业科技创新的若干重大政策建议

（一）提高农业科技财政投入强度

切实发挥政府公共财政在农业科技投入中的主导作用，稳步提高国家财政农业科技创新投入增量，扩大持续稳定支持比重。研究制定农业科技创新补贴政策，提高“绿箱”政策总体支出强度，扩大“绿箱”政策中支持农业科技创新的支出比例，拓展公益性农业科技创新支持渠道。探索中央与地方财政协商立项、共同资助、联合实施新机

制，引导地方加大对区域性乡村特色产业科技研发投入。

（二）加大农业科技金融支持力度

逐步提高国家政策性银行农业科技贷款总体规模及其占比，建立农业创新型企业科创风险评价体系及其专项授信审批模式，提高不良贷款容忍度。推行贷款、保险、财政风险补偿捆绑的农业科技专利质押融资模式，将企业所属的农田、滩涂、林木资源等纳入贷款抵押物范畴。促进农业科技金融服务机制创新，对农业创新型企业贷款实行财政贴息优惠政策，创新金融服务产品，加大金融助力科技成果转化力度，开展绿色银行试点，支持绿色农业发展。

（三）落实农业创新型企业激励政策

建立农业创新型企业培育制度，研究制定认定标准，建立农业创新型企业培育库，设立农业创新型企业孵化基金，加快培育一批具有核心竞争力的农业创新型企业。适当放宽涉农高新技术企业认定条件，扩大农业高新技术企业规模。完善加计扣除政策，将涉农企业用于初期研发的土地租赁费、种苗费等纳入研发费用加计扣除统计范围。推行企业承担科研项目后补助支持方式，激发企业自主研发活力。

（四）创新农业科技成果转化机制

积极开展农业科技项目实行“定向研发、定向转化、定向服务”的订单式一体化组织模式创新，培育一批具有产业化开发价值的高质量科技成果。完善农业科技成果评价体系，构建全国农业科技成果交易转化网络平台，建立一批市场化的农业科技成果转移转化中心，培养职业化农业科技成果转化团队。设立国家农业科技成果转化子基金，推进农业技术成果市场化转化机制改革。

（五）提升农业技术推广服务效能

深化公益性农业技术推广体系改革，充分发挥在公益性农业技术推广应用中的主体作用。持续支持现代农业产业技术体系建设，完善以产业链为主线、试验研究与示范推广紧密连接的新型农业科技创新组织模式。加强农业科技社会化服务体系建设，引导各类创新主体“科技下沉、成果落地”。

（六）强化农业科技人才队伍建设

加快农业科技高层次创新人才队伍建设，加大各类人才支持计划给予农业高层次人才差别化倾斜支持力度，着力培养一批战略科技人才和青年创新人才，部署农业领域国家重点引智平台基地，积极引进培养农业领域高端人才和紧缺人才。深化涉农高等院校乡村振兴人才教育培养制度改革，加快发展农业职业教育，培养高素质农业农村专业人才，支持高等院校、科研院所和企业在国家高新区、农业科技园区、现代农业园区、星创天地、新农村发展研究院等建立乡村振兴人才培养基地，加快培养各类乡村实用人才。

（七）加强科技特派员制度政策扶持

在国家科技计划中设立科技特派员创新创业专项，引导地方、企业及社会投入共同支持科技特派员开展乡村振兴科技服务。支持高等院校、科研院所、企业等实行科技特派员本职岗位与农村服务岗位双岗联动考核激励机制，探索设立科技特派员岗位职称评聘序列，把科技特派员表彰列入全国评比表彰保留目录。

（八）加快农业科技创新基地建设

制定国家农业科技创新平台基地发展规划，构建定位清晰、功能互补、布局合理的国家农业科技创新平台基地体系。重点布局农业领域国家实验室、国家种质资源库等战略性平台。扩大农业领域国家重点实验室建设规模，布局建设一批农业领域国家技术创新中心、国家野外科学观测研究站、国家农业大数据中心等创新基地和大科学设施。加快建设一批国家农业高新技术产业示范区，打造具有显著引领示范作用的现代农业创新高地、人才高地和产业高地。

（九）深化农业科技管理机制改革

强化农业科技创新战略谋划与顶层设计，支持依托国家农业产业技术创新战略联盟和国家农业科技创新联盟开展农业科技产学研用协同融合机制创新。优化调整国家科技计划资源配置方式，探索适合农业科技创新特点的项目形成机制，对涉及国家粮食安全、农业安全的重大公益性、基础性研究领域，建立统一部署、定向组织、接续支持的长效稳定实施机制。试点开展农业领域科研项目投入经费包干制、项目揭榜制等项目管理机制改革。以分领域、分类型、差异化评价改革为重点，完善农业科技人才评价、农业科研机构评估、农业科研项目评审制度。

（总撰稿人：高旺盛 梅旭荣 陈源泉 毛世平 王敬华）

国际研究篇

一、世界农业科技强国分析对比研究报告

党的十八大以来，以习近平同志为核心的党中央把科技创新摆在更加重要的位置，提出大力实施创新驱动发展战略，开启了建设世界科技强国的新征程。目前，全球进入创新驱动时代，我国正逐步进入创新型国家行列。科技已成为世界农业发展的核心动力，农业竞争的实质是科技竞争，世界新一轮农业科技革命正孕育兴起，掌握全球农业科技竞争先机愈加关键。习近平总书记指出："中国现代化离不开农业农村现代化。农业现代化关键是农业科技现代化，要牢牢掌握我国农业科技发展主动权，为我国由农业大国走向农业强国提供坚实科技支撑"，总书记的重要论述为农业科技自立自强指明了方向，是农业科技发展的根本遵循。关于如何认识和量化评价农业科技强国，学术界虽已有一些相关研究，但目前还没有公认的评价指标体系，亟须更进一步深入研究。

（一）关于科技强国评价相关指标研究进展

目前，与科技强国有关的评价主要是世界各国/地区的创新能力和竞争力评价，诸多国际组织、学术机构等已相继开发出多个有关国家创新能力和竞争力的评价指标体系，并基于这些评价指标体系发布了一系列关于国家创新能力或竞争力的评价报告。与"科技研发"密切相关的指标有：研发投入强度、研发人员比例、科技论文数量及其影响力、国际专利申请（PCT）数量、知识产权支付与收入、高技术进口与出口等（张志强等，2018）。关于竞争力的研究，国内始于20世纪90年代初，1996年，原国家体改委经济体制改革研究院、中国人民大学和深圳综合开发研究院联合组成中国国际竞争力课题组，对我国国际竞争力进行了研究，并出版了《中国国际竞争力发展报告（1996年）》。目前，国内关于科技竞争力的评价，最具影响、被大家公认的是科技部《中国科技发展研究报告》研究组在《中国科技发展研究报告（2000年）》中提出的科技竞争力评价指标体系，该体系包括科技投入水平、科技产出水平、科技与经济和社会协调发展程度和科技潜力以及制度因素等四大类共41项指标。国内现有的研究大多依据此评价指标体系对省市或地区之间的科技竞争力进行评价分析，并提出相关的对策建议。也有部分研究给出了自主设计，如杨大成（2008）对中西部地区科技竞争力发展水平进行了综合评价，马敏娜（2006）对城市的科技竞争力进行了评价分析等。国内关于科技强国评价指标的研究，比较有代表性的研究有：中国科学院张志强等（2018）科技强国的主要科技指标、中国科学技术发展战略研究院玄兆辉等（2018）。

（二）关于农业科技强国评价相关指标研究进展

关于农业科技强国评价，目前尚没有专门的评价研究。以往主要是借鉴科技竞争力

的指标体系开展了一些关于农业科技竞争力的评价研究。比较有代表性的研究主要有：丁华（2006）从农业科技队伍、科技供给系统与应用系统、科技管理体制、科技投入四个方面对我国县域农业科技竞争力进行了定性的探讨。臧春荣（2007）构建了包括科技投入、科技产出、科技促进社会经济协调发展等三个二级指标，科技人力、科技财力、专利、发表论文、经济增长、生活质量、环境保护等7个三级指标，共28个细化指标的农业科技竞争力评价指标体系。陈丽佳等（2008）将农业科技竞争力划分为核心竞争力、持续竞争力、价值竞争力三大类，以科技投入能力（6个指标）、科技产出能力（5个指标）、科技创新能力（5个指标）、成果推广能力（10个指标）、科技贡献能力（11个指标）、科技发展潜力（7个指标）、科技发展环境（6个指标）七大要素构建了农业科技竞争力的评价指标体系。党玉国（2012）把农业科技竞争力分为科技投入水平、科技产出水平、科技转化水平、科技贡献水平四个层面，并分别设计34个评价指标。刘莹（2013）参考了前人有关研究构建了农业科技竞争力综合评价指标体系。苏华（2015）从农业科技投入水平、农业科技保障水平、农业科技需求水平、农业科技产出水平四个方面建立了包含9个三级指标和49个四级指标的指标体系。金莹等（2016）在评价甘肃省农业科技竞争力时主要从农业科技投入能力、农业科技产出能力、科技成果推广能力、农业科技促进经济社会发展能力四方面建立指标体系。

（三）农业科技强国内涵与评价指标体系设计

1. 农业科技强国内涵

总体来看，目前国内学术界已经展开对农业科技竞争力的研究，现有的研究涉及农业科技竞争力的内涵、作用、评价指标等方面。但是，与城市科技竞争力、工业科技竞争力等方面的研究相比，农业科技竞争力方面的研究非常缺乏，在科技支撑和推动农业发展的作用愈来愈强的背景下，非常需要对农业科技竞争力进行进一步的深入研究。

世界经济强国必然是世界农业强国，世界农业强国必然是世界农业科技强国。要成为世界农业科技强国，需要具备良好的农业科技创新环境与条件，具有能够引领世界科技发展潮流和重大影响力的农业科研成果，在农业重大原创基础理论与核心关键技术方面研发处于世界领先水平，农业科技能够为本国粮食安全与农产品有效供给提供强有力科技支撑，为本国农业产业发展与升级不断提供动力支撑。

农业科技强国的评价，最重要的是要体现“科技”的作用。评价一个国家是否是农业科技强国，需要在科技支撑能力、农业技术水平、农业科技效率、农业科技条件以及农业科技产出等五个方面处于世界发达国家的前列。其具体内涵如下。

（1）科技支撑能力。要成为世界农业科技强国，首先要保障本国的粮食安全以及重要农产品有效供给，其次是不仅要保障粮食及重要农产品的数量安全，更要保障食品的质量与安全。这是一个国家的立国之本，是发展农业科技的首要任务。要不断通过提高农业科技贡献率，为解决国家的粮食安全与食品安全提供强有力的科技支撑。

（2）农业技术水平。农业技术水平的高低，表现在农业生产实际中就是动物植物生产能力的提升、农业产业链的延伸增值以及农业现代装备水平的提高。最能体现这方面的指标主要是农作物及动物单产水平、食品工业产值与农业产值的比值以及农业机械化程度。

（3）农业科技效率。农业科技不仅要能够促进农业总产以及单产水平的提升，更要重视科技对农业生产效率的提升，而不是单纯追求“不计成本”的“高产”，这也是一国农业产业竞争力的关键体现。我国农业竞争力低，遇到了“天花板”与“地板”的双重挤压，核心问题还是“效率”的问题。从经济效率的角度可以从土地产出率、劳动生产率反映，从动物植物生产效率，主要考虑肥料利用率、水分利用效率以及饲料利用（转化率）。

（4）农业科技条件。良好的科技创新环境不仅要为农业科技创新提供“燃油”，也要提供良好的“润滑剂”和“催化剂”。从发达国家的经验来看，一是要建立研发与应用多层次、参与主体多元化的农业科技创新体系，二是产学研合作密切，三是政府的资金投入与法律保障有力起到举足轻重作用。这方面重点考虑一个国家的农业科技人力资源、农业投入强度以及企业研发投入三方面来评价。

（5）农业科技产出。对于农业科技创新本身来说，论文、专利、品种、产品、标准等是主要的产出。本研究重点考虑便于国际对比的论文和专利。但是农业科技创新活动的主要成果体现不仅是论文和专利，更要促进农业科技成果对农业产业的“精准供给”，提高农业科技成果转化利用率。农业科技强，最重要的是要在“田间地头”、在“产业一线”能够看到科技的存在。因此，评价农业科技成果转化利用的情况。

2. 农业科技强国的评价指标体系

基于目前国内外研究以及中国的实际情况分析，研究小组根据对世界农业科技强国的内涵认识，从科学性、全面性、可比性、简便性、易操性的原则，经过多学科、多群体、多轮次的研讨，设计了世界农业科技强国的指标体系，从科技支撑能力、农业技术水平、农业科技效率、农业科技条件以及农业科技产出 5 个维度，设计了 19 个指标，并确定了各级指标的评估权重，具体每个指标的内涵及计算选取的方法见表 2-1。

表 2-1 世界农业科技强国评价指标体系及权重

一级指标	二级指标	指标内涵及说明	权重
（权重 0.2） 1. 科技支撑能力	1.1 粮食安全指数	反映国家总体粮食安全情况	0.4
	1.2 食品安全指数	反映食品安全与食品	0.3

（续表）

一级指标	二级指标	指标内涵及说明	权重
	1.3 农业科技贡献率（%）	评价农业科技进步对农业总产值增长率的贡献份额	0.3
（权重 0.2） 2. 农业技术水平	2.1 粮食单产（kg/ha）	根据 FAO 的统计，重点对比谷物单产（cereal）	0.25
	2.2 畜产品单产（kg/头）	选取我国最有代表性的生猪，根据每头猪平均出栏胴体重来对比	0.25
	2.3 农产品增值强度	根据各国政府公布的食品工业产值与农业产值之比来评价	0.25
	2.4 农业机械化率（%）	采用农作物综合机械化率	0.25
（权重 0.2） 3. 农业科技效率	3.1 劳动生产率（美元/人）	根据世界银行的计算，采用每个农业劳动力创造的农业增加值来评价	0.2
	3.2 土地产出率（美元/公顷）	根据世界银行，采用单位面积农用地产生的农业 GDP 计算	0.2
	3.3 肥料利用率（%）	重点考虑主要作物的氮肥利用率	0.2
	3.4 饲料转化率	重点考虑我国最具代表性的生猪养殖，以猪的肉料比来评价	0.2
	3.5 水分利用效率（kg/m^3）	重点考虑学术界常用的粮食作物水分利用效率 WUE 来评价	0.2
（权重 0.2） 4. 农业科技条件	4.1 农业科技人员数（人/万人）	根据每万名农业从业人员拥有的农业科技人员数来评价	0.3
	4.2 农业科技投入强度（%）	根据 OECD 的评价标准，以政府农业 R&D 投入占农业 GDP 的比值来评价	0.4
	4.3 企业研发投入（%）	根据企业研发投入占农业 R&D 投入的比例来评价	0.3
（权重 0.2） 5. 农业科技产出	5.1 学科规范化引文影响力（CNCI）	反映学术论文的影响力	0.25
	5.2 发明专利认可度（%）	采用发明专利的授权率来反映	0.25
	5.3 国家农业科技专利竞争力指数	反映专利的综合质量	0.25
	5.4 农业科技成果转化率（%）	反映农业科技成果的应用	0.25

具体的计算思路：按照层次分析法，确定权重，然后根据每个二级指标，以世界发达国家先进水平（100 分）为参照，根据中国目前的实际数值给予打分，根据二级指标的权重计算得到一级指标的评估值；最后根据五个一级指标的权重，计算得出“中国农业科技强国实现度”。

(四) 中国农业科技强国实现度评估

1. 总体评估结果

根据前文设计的指标体系和方法评估得出：总体上，中国目前农业科技强国的实现度为62%。与世界农业科技强国还有不小的差距，在迈向世界农业科技强国的路上，中国刚刚走完2/3的路程，正处于“爬坡过坎”的阶段。

分开来看，中国农业科技对国家总体经济的贡献表现良好，科技支撑能力实现度为80%；农业技术水平和科技产出的实现度为70%和71%，表现较好；农业科技效率实现度为50%，最大的短板是农业科技条件，仅为38%（图2-1）。

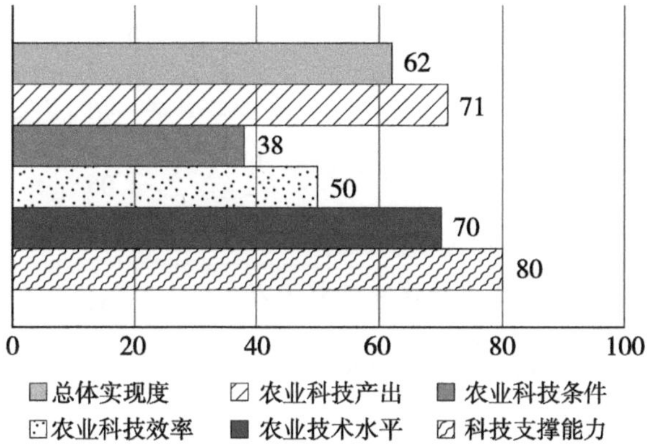

图2-1 中国农业科技强国实现度

根据二级指标的具体得分情况（表2-2），需要在劳动生产率、农业科技投入强度、农产品加工增值、土地产出率、农业科技人力资源、企业研发投入等方面加强力量、加快步伐、加大投入弥补农业科技短板，早日实现世界农业科技强国目标。

表2-2 中国农业科技强国实现度评价表

一级指标	二级指标	中国	发达国家平均	中国得分
1. 科技支撑能力	1.1 粮食安全指数	71	83.3	85
	1.2 食品安全指数	72.6	86.3	84
	1.3 农业科技贡献率（%）	59.2	85	70
			科技支撑能力得分	80
2. 农业技术水平	2.1 粮食单产（kg/ha）	6081.4	7330	83
	2.2 畜产品单产（kg/头）	77	87	89
	2.3 农产品增值强度	1.95	5.74	34
	2.4 农业机械化率（%）	69	95	73

（续表）

一级指标	二级指标	中国	发达国家平均	中国得分
			农业技术水平得分	70
3. 农业科技效率	3.1 土地产出率（美元/公顷）	1715.07	4861.51	35
	3.2 劳动生产率（美元/人）	3442.2	80715.6	4
	3.3 肥料利用率（%）	32	57	56
	3.4 饲料转化率	3	2.75	86
	3.5 水分利用效率（kg/m^3）	1.5	2.25	67
			农业科技效率得分	50
4. 农业科技条件	4.1 农业科技人员数（人/万人）	32.4	78.2	41
	4.2 农业科技投入强度（%）	0.62	1.98	31
	4.3 企业研发投入（%）	30	70	43
			农业科技条件得分	38
5. 农业科技产出	5.1 学科规范化引文影响力（CNCI）	1.06	1.367	78
	5.2 发明专利认可度（%）	21.7	37.74	57
	5.3 国家农业科技专利竞争力指数	2.93	1.91	100
	5.4 农业科技成果转化率（%）	40	80	50
			农业科技产出得分	71
世界农业科技强国实现度			62	

注：具体指标的数据来源与计算方法见下文。

2. 评估指标数据来源与计算

（1）科技支撑能力。其包含的评估指数有如下几项。

粮食安全指数。粮食安全指数采用英国《经济学人》杂志旗下智库（The Economist Intelligence Unit）的“全球食物安全指数”（Global Food Security Index），该指数是一个动态的定量和定性基准模型，由 34 个独特的指标构建而成，可衡量发展中国家和发达国家的食品安全驱动因素。据《2019 年全球食物安全指数报告》（https：//foodsecurity-index. eiu. com/）报道，中国综合得分 71 分，排名 35。中国得分整体水平相当于发达国家前 10 名的 85%。

食品安全指数。采用《2019 年全球食品安全指数报告》的二级指标（Quality & Safety）的得分判断。2019 年中国得分 72.6，世界前 10 名国家的平均得分 86.2。中国整体水平相当于发达国家前十名的 84%。

农业科技贡献。我国农业科技进步贡献率由 2011 年的 52%提高到 2019 的 59.2%，但是与世界发达国家的80%～90%仍有不少的差距。本研究以世界发达国家的中间值85%为基础，中国目前的农业科技贡献率相当于发达国家的70%。

（2）农业技术水平。其包含的内容如下。

粮食单产水平。根据联合国粮农组织（FAO）的数据，2018年中国粮食（谷物）单产水平为6 081.4千克/公顷，高于世界平均水平的4 069.4千克/公顷，为世界平均的1.5倍，仅为世界发达国家前5名（美国8 692、新西兰8 064、法国6 885、英国6 789、德国6 220）平均的83%。

畜产品单产水平。根据目前的数据，中国每头猪平均出栏胴体重77公斤，发达国家87公斤，中国相当于发达国家水平的89%。

农产品增值强度。以食品行业GDP与农业GDP的比值为指标，根据目前世界主要国家公布的数据计算，中国的数据为1.95①，英国（11.3）②、加拿大（5.7）③、美国（6.93）④、日本（4.36）⑤、新西兰（3.17）⑥、澳大利亚（3.0）⑦ 的平均值为5.74，中国相当于这几个国家水平的34%。

农业机械化率。2018年，中国综合机械化率69%⑧。世界上主要发达国家在20世纪50—80年代相继实现了全面机械化。美国于1946年基本实现了农业机械化，1954年全面实现了农业机械化；加拿大和原西德在20世纪60年代末期全面实现了农业机械化；与我国农业生产情况相似的日本和韩国也分别于1982年和1996年全面实现了农业机械化。本研究按照发达国家综合机械化率95%为基准，中国相当于此水平的73%。

---

① 中国根据《中国农业发展报告2019》数据估算：2017年全国农业增加值占GDP的比重仅为7.9%，农业—食物系统增加值占GDP的比重达23.3%，食物系统增加值占GDP比重15.4%，与农业增加值的比值为1.95∶1。http：//news. foodmate. net/2019/05/519087. html

② 英国数据根据英国政府数据估算 https：//www. gov. uk/government/publications/food-statistics-pocketbook-2017/food-statistics-in-your-pocket-2017-food-chain

③ 加拿大数据根据加拿大政府数据估算 https：//www. canada. ca/en/agriculture-agri-food/news/2017/11/canada_s_agriculturalsectorcontinuestoseeeconomicgrowth. html

④ 美国数据根据USDA数据估算 https：//www. ers. usda. gov/data-products/ag-and-food-statistics-charting-the-essentials/ag-and-food-sectors-and-the-economy. aspx

⑤ 日本数据根据报告《Japan Food Processing Sector》数据和世界银行公开数据库中农业GDP数据估算：https：//apps. fas. usda. gov/newgainapi/api/report/downloadreportbyfilename？filename=Food%20Processing%20Ingredients_Tokyo%20ATO_Japan_3-28-2019. pdf

⑥ 新西兰数据 根据报告《The New Zealand Agri-food Sector》估算 https：//thepolicyobservatory. aut. ac. nz/__data/assets/pdf_file/0019/75106/Dalziel-et-al-The-NZ-Agri-food-Sector-v3. pdf

⑦ 澳大利亚数据 根据报道数据估算 https：//www. worldatlas. com/articles/what-are-the-biggest-industries-in-australia. html

⑧ 在由中国农业机械工业协会主办的“2019年全国农机工业工作会议”上，农业农村部农业机械化管理司范学民处长做了关于《我国农业机械化发展情况》的报告。

（3）农业科技效率。

土地产出率①。世界银行统计数据表明，2016 年中国的土地生产率（农业 GDP/农用地面积）1 805.03 美元/公顷，世界平均为 529.30 美元/公顷，为世界平均的 3.4 倍，中国的土地生产率比美国、英国、加拿大、澳大利亚、新西兰高，低于德国、以色列和日本。中国水平仅为世界发达国家前 5 名（以色列 11118、新西兰 6949、德国 2399、法国 1934、英国 1628）平均值的 38%。

劳动生产率。根据世界银行数据②，中国农业劳动生产率（每个农业劳动创造的农业增加值）为 3 442.2 美元/人，稍高于世界平均（3 229.6 美元/人），但与世界主要发达国家差距巨大，仅为美国的 4.0%、英国的 7.0%、法国的 6.8%、以色列的 3.7%。中国数据仅为世界发达国家前 5 名（新西兰 99221、以色列 92402、美国 84251、加拿大 75144、法国 50931）平均值的 4%。

肥料利用率。根据目前多数研究学者的研究，我国三大作物的氮肥利用率平均为 32%，低于同期世界平均水平 20%~30% 。按照低于世界平均 25%计算，中国肥料利用率仅为世界平均水平的 56%。

饲料利用率。根据 FAO 公布的生猪养殖料肉比数据，2016 年中国为 3.2，荷兰、欧盟、美国分别为 2.6、2.85 和 2.8 。中国该指标相当于这三个国家（地区）的 86%。

水分生产率。根据康绍忠院士团队提供的数据，我国作物水分生产率（WUE）在 1.0~2.0 kg/m^3，发达国家一般在 2.0~2.5 kg/m^3。粮食水分生产率我国一般不足 1.5 kg/m^3，远低于国际先进水平（2.0 以上）。以中国平均 1.5 除以世界发达国家平均 2.25 计算，中国相当于世界发达国家水平的 67%。

（4）农业科技条件。

农业科技人员比重。根据《中国科技人才发展报告（2018）》，2017 年全国专业技术人才总数 3148.5 万人，其中农业专业技术人才 67.9 万人。根据《中国劳动统计年鉴》数据，2017 年，我国农业从业人员数为 20 944 万人，以此计算，中国 2017 年每万人农业从业人员拥有的农业专业技术人员数仅为 32.4 人。目前，美国有 9 600 名农业科学家、1.7 万人左右的农技推广人员，以此合计农业科技人员为 2.66 万人。美国农业部（USDA）的农业普查主要数据公报（Census of Agriculture）显示 2017 年美国农业生产从业人数约 340 万人。据此计算，美国每万人的农业从业人员拥有的农业科技人员为 78.2 人。中国的 32.4 人相当于美国 78.2 人的 41%。

---

① 计算公式为：农业用地土地产出率=农业 GDP/农用地面积；农业 GDP 根据世界银行公开数据计算（2018 年数据）（农业 GDP=GDP×农业占比）；农用地面积根据世界银行公开数据 https：//data. worldbank. org. cn/（2016 年数据）

② 世界银行公开数据 https：//data. worldbank. org. cn/（2016 年数据）：具体指标，Agricultural productivity-Agriculture value added per worker

农业科技投入强度。根据经合组织（OECD）数据①，2017 年中国政府公共农业研发投入占农业 GDP 比例仅为 0.62%左右，世界前 5 名平均值为 1.98%（瑞士 3.06%、加拿大 1.90%、巴西 1.82%、日本 1.73%、美国 1.40%）。中国农业科技投入强度仅为世界排名前 5 国家平均值的 31%。

企业研发投入。综合目前多数研究文献的数据，我国企业研发投入占农业 R&D 投入大约为 30%，而发达国家占 70%。

（5）农业科技产出。

学科规范化引文影响力（CNCI）指标。中国农业科学院基于 Web of Science™论文数据库的研究报告表明，2014—2016 年，22 国农业类论文学科规范化的引文影响力中，中国 CNCI 值为 1.06，世界排名第 16。世界前 10 名（瑞士 1.46、丹麦 1.44、荷兰 1.43、英国 1.39、澳大利亚和德国并列 1.36、瑞典 1.34、挪威 1.32、法国 1.29、比利时和西班牙并列 1.22、意大利和美国并列 1.19）的平均值为 1.367。中国 CNCI 的值为世界前 10 平均值的 78%。

发明专利认可度（授权率）。根据中国农业科学院相关研究报告的计算，中国发明专利的授权率为 21.7%，世界发达国家前 5 名平均为 37.74%（韩国 44.4%，日本 39.5%，意大利 35.6%，法国 34.9%瑞典 34.3%）。

国家农业科技专利竞争力指数。根据中国农科院相关研究报告的计算，国家农业科技专利竞争力指数，中国为 2.93，世界排名前 5 的其他国家为：美国 3.21、排名第一，瑞士 1.3、德国 1.05、日本 1.04。该项指标目前中国世界排名第二，打分 100 分。

农业科技成果转化率。综合目前多数研究文献的数据，中国农业科技成果转化率为 40%，发达国家为平均 80%以上。

（五）启示与政策建议

1. 启示

当前世界处于“百年未有之大变局”。中国正逐步走向世界舞台中央，将面临的各种复杂挑战，这要求中国各行各业的发展，需要有更长远的眼光、更宽阔的视野、更睿智的思维应对未来发展的挑战。“三农”问题是关系国计民生的根本性问题。没有农业农村的现代化，就没有国家的现代化。目前，全球进入创新驱动时代，科技已经成为世界农业发展的核心动力，农业竞争的实质是科技竞争，世界新一轮农业农村科技革命孕育兴起，掌握全球农业农村科技竞争的先机更加关键。

目前，中国离世界农业科技强国还有 1/3 的路程要走，而且是最艰难的路程。亟须

① Government budget allocations for R&D（GBARD）for R&D on agricultural sciences as a percentage of agricultural value added，OECD（2019）

下更大力气、花更多工夫，优先补齐的农业农村科技创新短板。未来是中国迈向世界农业科技强国的最关键、最艰难的时期，不仅技术水平、科技效率的指标需要提升，更要努力加强农业科技成果的转化应用，提升农业科技贡献率；在农业科技条件方面更要肯狠下功夫，才能确保至2050年建成世界农业科技强国，支撑引领乡村全面振兴，全面实现农业强、农村美、农民富的农业农村现代化强国目标。

2. 政策建议

（1）建立健全农业科技创新体系。按照生态区而不是按照行政区对科研机构进行布局，建立协同创新的机制，减少农业科研机构重复设置，避免科研资源的浪费，提高科研机构的管理效率，营造激发创新人员动力创新环境。

（2）建立多元化科技投入体系与持续稳定支持机制。进一步优化中央财政科技计划（专项、基金等）管理，继续加大中央财政投入，鼓励和吸引地方、企业、民间等各种金融资本多形式、多渠道、多元化的科技投入体系。

（3）鼓励企业加大研发投入。通过风险补偿、后补助、创投引导等方式，引导各类创新要素向企业集聚，支持企业开展农业科技创新，增强企业创新能力，提升农业科技贡献率。

（4）加强农业基础前沿与核心关键研究。面向农业科技前沿，稳定一批稳定的研究队伍，潜心重要方向持续研究，抢占现代农业前沿科技制高点

（5）强化农业科技产业支撑应用。围绕重要农业产业链、创新链和价值链，组建跨区域、多学科的全产业链创新团队，集成产业链关键技术，实现科技与产业的无缝衔接。

（6）建设高水平的农业科技平台。努力建设更多世界一流研究型大学、研发机构，建设一批世界一流的农业科研长期基地、科学中心、重大科技基础研究设施等。

（7）主动谋划世界农业科技格局。积极加强国际顶尖农业大学联盟科技合作，建设国际大科学计划和大科学工程、共建国际联合实验室、海外科技创新中心、国际农业科技产业园区、高水平国家级海外农业智库等。

（执笔人：高旺盛 陈源泉 杨富裕 王小龙 雷薪玉 魏佳宁）

二、典型国家运用绿箱政策支持农业科技创新调研报告

WTO框架下“绿箱”支持农业科技发展免于削减承诺，是未来农业科技支持的重要方向。本研究从农业科技创新支出和“绿箱”支出的绝对数额、支出强度和“三箱”政策比例、农业科技创新支出内部比例四部分进行分析，重点探讨典型国家“绿箱”政策运用情况、“绿箱”政策的结构特征以及我国的差距与短板。

(一) 典型国家“绿箱”政策及我国存在的问题

1. 中国人均农业科技创新支出和“绿箱”支出额与发达国家还有较大差距，需继续保持较高的增长速度

由表 2-3 可得，中国的农业科技创新支出及“绿箱”支出的增长速度较快（2.35；3.68），高于主要发达国家和巴西；从投入量来看，中国的农业科技创新支出规模达到万美元级，而美、日和欧盟在 3 000 美元左右，巴西尚未进入千美元级；中国“绿箱”支出规模同样较大，但与美国同属 10 万美元级，支出数额优势相对农业科技创新支出来说较小。从人均支出水平来看，中国农业科技创新人均支出（23.67）虽超过了巴西和欧盟（4.19；17.65），但仍与美日（53.12；281.11）有较大差距，美国和日本分别是中国的 2 倍和 12 倍左右；中国的人均“绿箱”支出（331.34）则只超过了巴西，美、日、欧盟（2039.16；1613.48；538.48；）分别是中国的 6 倍、5 倍和 2 倍左右。

表 2-3 各国农业科技创新支出和“绿箱”支出情况

	增长倍数		2016 年支出（百万美元）		2016 年人均支出（美元）	
	#农业科技创新支出	“绿箱”支出	#农业科技创新	“绿箱”	#农业科技创新	“绿箱”
欧盟	1.23	1.09	2235.33	68178.39	17.65	538.48
美国	0.91	1.57	3113	119492	53.12	2039.16
日本	1.41	1.06	3049.83	17504.82	281.11	1613.48
巴西	0.32	1.01	120.61	1951.89	4.19	67.83
中国	2.35	3.68	14119.54	197630.60	23.67	331.34

注：增长倍数为 2016 年支出为 2006 年倍数。人均支出是以农村人口为基础计算所得。

2. 我国绿箱支出比例①仍低于主要发达国家，且增长速度较缓

从绿箱政策支出占比来看，美国和欧盟的绿箱支出占比在 85%~90%，韩国的绿箱政策占比近 5 年一直在 90%以上，而中国的绿箱政策支出占比仅为 78%，因此相对主要发达国家来说，中国绿箱政策支出占比相去甚远。从绿箱政策占比的发展趋势来看，中国绿箱政策支出占比整体呈下降趋势，近年来有小幅增长趋势但是增长较为缓慢，而欧盟的绿箱政策支出占比整体呈增长趋势，美国和韩国则保持高位稳定运行趋势。

3. 农业研究和农业培训支出比例②过低，农业推广的支出效率仍需提高

欧盟和美国、韩国均是农业研究支出比例最高（美国：46%；欧盟：50%；韩国：

---

① 绿箱支出比例 =（绿箱支出数额/绿箱、黄箱和蓝箱支出总数额）×100%

② 农业研究支出比例 =（农业研究支出数额/农业研究、培训和推广的总支出数额）×100%，农业培训支出比例 =（农业培训支出数额/农业研究、培训和推广的总支出数额）×100%

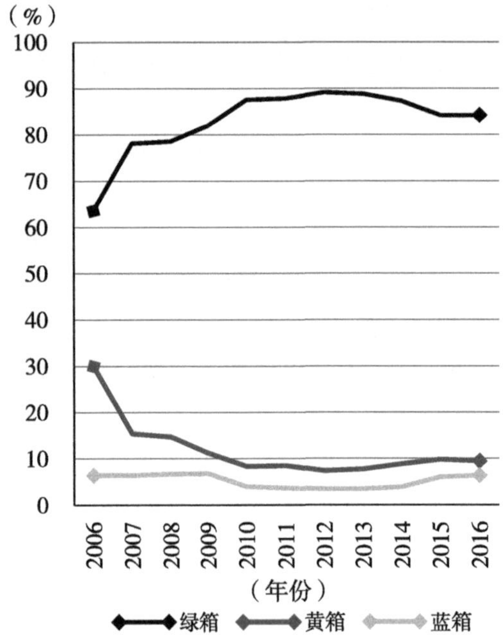

图 2-2 欧盟三箱政策结构表

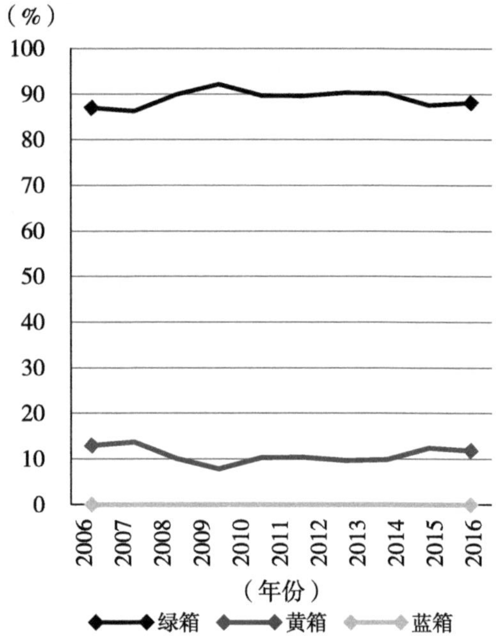

图 2-3 美国三箱政策结构表

69%），而中国的农业研究支出占比（24%）位于农业推广支出之下，远远低于主要发达国家。同为发展中国家的巴西，农业研究支出比例原同处于较低比例，但是在2014—2016年有快速提升，2016年巴西农业研究支出比例已达到89%。农业培训支出占比中国相对处于较低水平（2%），低于主要发达国家的农业培训支出占比（欧盟：4%；韩国：6%；美国24%）。中国农业技术推广支出占比①较高，但是从农业技术推广的实效来看，中国的农业技术推广支出仍然存在着众多管理问题，造成农业科技推广支出的使用效率不高，因此对于农业技术推广来说，重点应是调整投入之外的体制和管理问题。

4. 中国农业科技创新支出和绿箱政策支出强度②虽有所增长，与主要发达国家仍有较大的差距

就农业科技创新支出强度来说，中国的农业科技创新支出强度整体呈增长趋势，但是0.91的支出强度与美国（1.16）、日本（2.67）有一定差距。就绿箱政策支出强度来说，中国的绿箱政策支持强度（12.71）低于欧盟（15.37）、美国（27.13）、日本

① 农业技术推广支出比例=（农业技术推广支出数额/农业研究、培训和推广的总支出数额）×100%

② 农业科技创新支出强度=（农业科技创新支出数额/农业生产总值）×100%，绿箱政策支出强度=（绿箱政策支出数额/农业生产总值）×100%

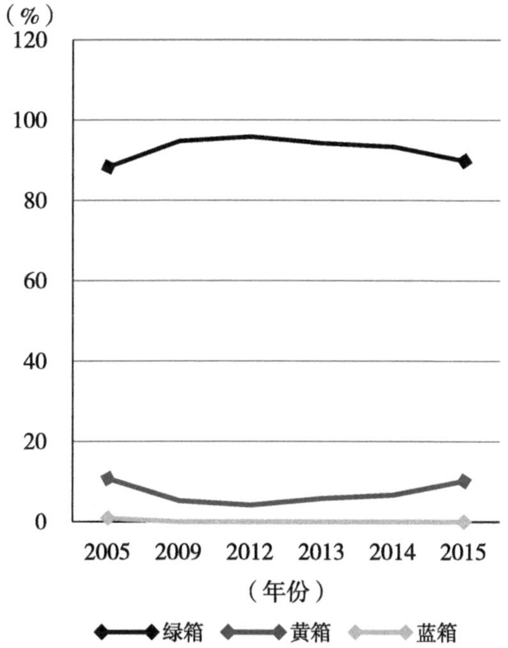

图 2-4 韩国三箱政策结构表

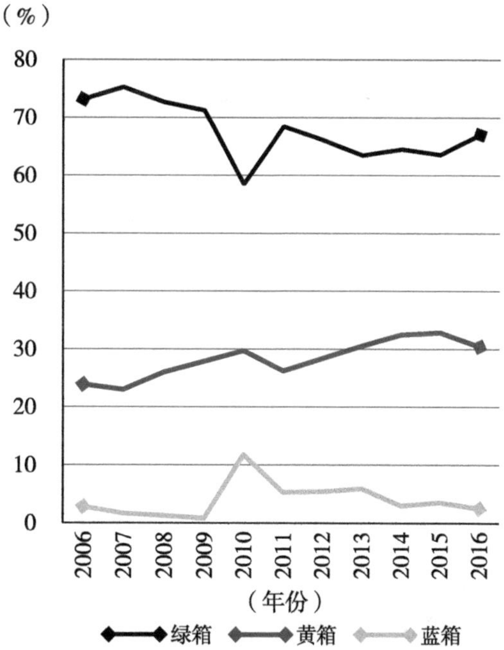

图 2-5 日本三箱政策结构表

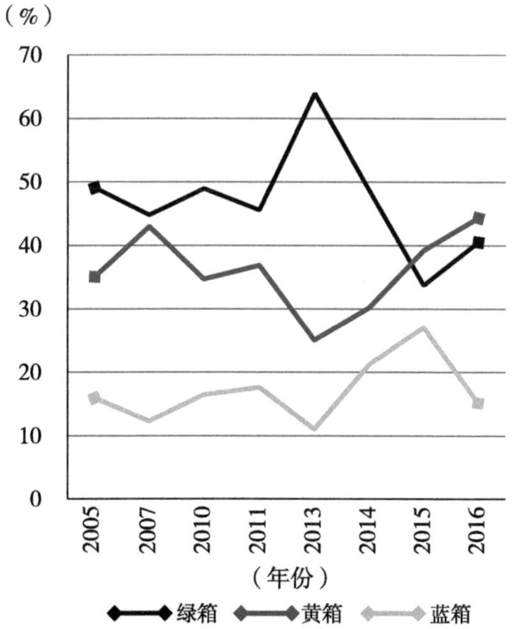

图 2-6 巴西三箱政策结构表

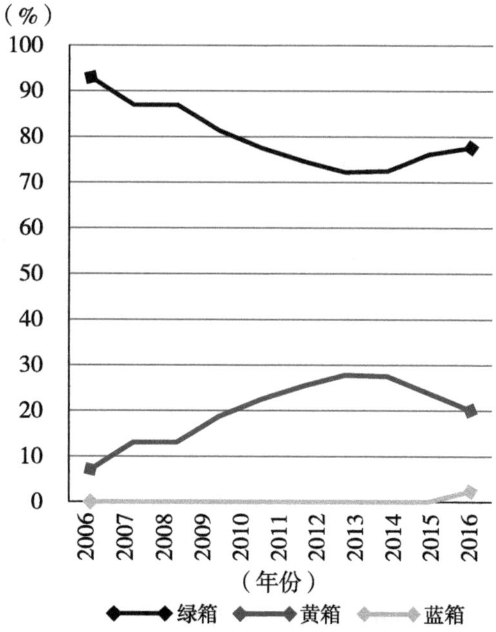

图 2-7 中国三箱政策结构表

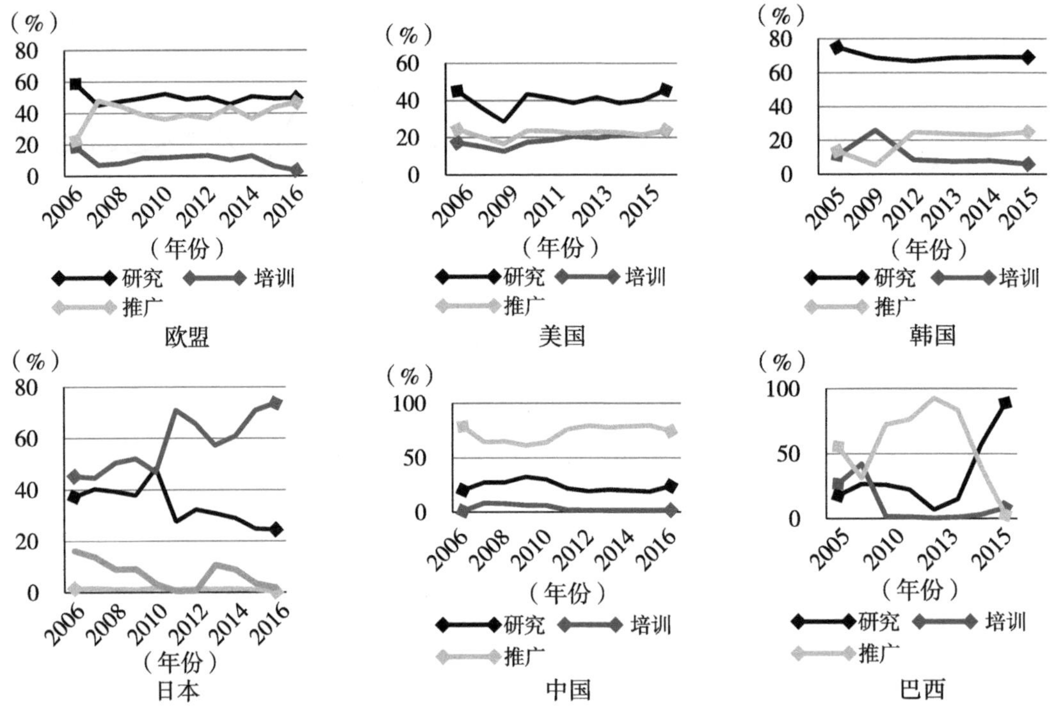

图 2-8　各国科技三项经费支出情况

(15.35) 等主要发达国家。在三者中中国与日本的农业生产经营方式最为相近，反观日本农业科技创新支出强度远高于中国，而绿箱政策支出强度略高于中国，说明中国虽在绿箱政策支出强度有所欠缺，但是农业科技创新支出强度却与东亚农业强国之间有更为急需填补的差距。

表 2-4　欧盟和美国的农业科技支出强度

年份	欧盟		美国	
	#农业科技创新支出强度	“绿箱”政策支出强度	#农业科技创新支出强度	“绿箱”政策支出强度
2006	0.48	16.43	1.15	25.36
2007	0.62	16.81	—	—
2008	0.58	16.00	1.11	21.29
2009	0.57	18.40	1.46	29.76
2010	0.56	18.00	0.85	28.74
2011	0.51	17.20	0.79	26.69
2012	0.52	16.57	0.76	25.94

（续表）

年份	欧盟		美国	
	#农业科技创新支出强度	“绿箱”政策支出强度	#农业科技创新支出强度	“绿箱”政策支出强度
2013	0.60	15.62	0.69	26.93
2014	0.56	15.28	0.65	23.52
2015	0.48	14.46	0.73	25.57
2016	0.50	15.37	1.16	27.13

表 2-5　日本和中国的农业科技支出强度

年份	日本		中国	
	#农业科技创新支出强度	“绿箱”政策支出强度	#农业科技创新支出强度	“绿箱”政策支出强度
2006	2.10	16.08	0.78	6.95
2007	2.02	16.92	0.63	7.59
2008	2.04	16.48	0.66	8.45
2009	2.35	17.47	0.81	7.01
2010	1.66	13.80	0.90	6.98
2011	2.96	18.77	0.65	5.75
2012	2.55	16.99	0.75	6.91
2013	2.22	14.42	0.77	7.45
2014	2.14	13.60	0.98	9.11
2015	2.61	14.35	0.97	11.54
2016	2.67	15.35	0.91	12.71

（二）政策建议

1. 保持农业科技创新支出和绿箱支出较高的增长速度，提高农业科技创新支出强度

近年来，中国农业科技创新支出和绿箱支出增长速度较快，但是从人均来看中国仍与主要发达国家有较大差距，下一步中国要争取追赶美国和欧盟，保持支出的高速增长，农业科技创新人均支出争取达到 50 美元，绿箱人均支出争取达到 500 美元①。农业科技创新支出强度和绿箱支出强度均与发达国家有一定差距，争取将农业科技创新支出水平提高 1 倍，超越美国缩小与日本差距；绿箱支出强度我国应提高 4 个百分点，尽快追赶欧盟和日本。

① 2016 年中国农业科技创新人均支出额为 23.67 美元，“绿箱”人均支出额为 331.34 美元。

2. 提高绿箱支持比例，优化三箱支出结构

绿箱支出不直接作用于市场价格，免于WTO的削减承诺，是中国农业国内支持政策中重点方向。目前中国的绿箱支出比例仍然较低，与主要发达国家之间有较大差距。中国应提高绿箱支出比例到85%左右，缩小与欧美韩的结构差距。

3. 提高农业研究比例，优化农业科技创新内部比例

目前主要发达国家的农业科技创新内部支出顺序依次为研究、推广和培训，研究占主要位置。而中国的研究占比居于第二位，远低于推广，因此要争取提高农业研究的比例到50%。中国农业培训的占比也位于稍低水平，提高农业培训的比例到6%。中国农业推广支出占比较高，但是实际推广成效有限，对于推广不能只局限于增加投入，要更加注重推广投入的质量和效率。

（三）典型国家农业科技支持政策研究

我国当前正在推进农业政策从“黄箱”向“绿箱”转变，绿箱政策的使用能够提升收益，支持生产，促进贸易自由化的推进。农业科技支持政策是绿箱政策的重要环节，我国与欧美日等发达国家的农业科技投入存在差距，发达国家的农业科技支持政策对我国科技投入的方式和方向具有借鉴意义。

1. 法律形式的政策保障方面，建立农业科技投入长期稳定的政策保障体系

美国农业部的科技资金绝大部分来源于联邦政府根据相关法律条例的拨款，在有关法令和条例的有力支持和保障下，政府农业科技投入保持了持续稳定的增长态势。尽管美国并未出台单独的农业补贴法案，但农业补贴却在各种法案中均有规范，且均以国会立法形式确定，保证了农业补贴规定的权威性；同时，美国的农业补贴法案会实时更新，一般五年就会对其进行适时地修改和完善。

2. 技术推广方面，建立完善的农业技术推广应用体系及运行机制

美国从1996年起推进农科教、产学研一体化战略，农业研发预算约50%用于农业技术扩散与推广，建立大学科技园区和农业科技基地、农业信息化发布及农业科技服务体系，将农业科研成果和新技术迅速转化到农业生产领域。欧盟各国大力推进农村基础设施建设以及网络化、现代化的改造，同时积极落实农村、农民咨询系统的建设与完善。

3. 人才培养方面，培养农业科技人才，重视农村青少年教育

美国推行农业职业院校教育和一般性农业推广机构双轨化教育，高等农业院校培养了农业现代化所需要的大批实用型人才，各州农业技术推广站为农场主进行特定农业生产技术实用性培训，为农业发展提供了强有力的技术保障。为应对农民老龄化，培养新型农业接班人，美国专为农村青少年设置了校外非正式农业教育——“4H教育”，为

青少年提供资金并开展科技培训，传输农业种植养殖技术知识，提高农业管理能力。欧盟各国通过设置农村科技项目、田间转化项目等方式，助力农民掌握新技术、新知识，从而有助于实现技术成本降低、资源高效配置。

4. 资金支持方面，完善市场金融体系，支持农业科技企业创业创新

目前我国农业科技创新企业面临着较大的资金缺口，应逐步建立以市场金融为主体、政策性金融为扶持、社会化金融为补充的金融支持体系。美国商业性融资占农村融资量的65%，美联储制定了商业银行农业贷款量占该银行贷款总量的比重超过25%时，享受税收优惠的政策。对于需要投入大量经费的农业机械科技创新项目，日本政府主导的农机融资分为农业机械化基金（农业机械购置贷款项目）和农业改革基金两种方式，前者规定年息为6.5%，后者主要面向农户，采取无利息方式。

5. 投入模式方面，引导私人部门加大研发投入，发挥政府部门和私人部门在农业科技投资领域的互补性

美国、法国、日本的农业科技创新体系中农业企业的主体作用得以充分发挥，政府会积极引导各类私人组织、民间力量参与农业科技创新过程中。私人部门机构设置更灵活，更易开展协同创新与交叉创新，更利于相应技术的发展与获利。2014 年美国私人部门农业 R&D 投入占总投入的 74%。

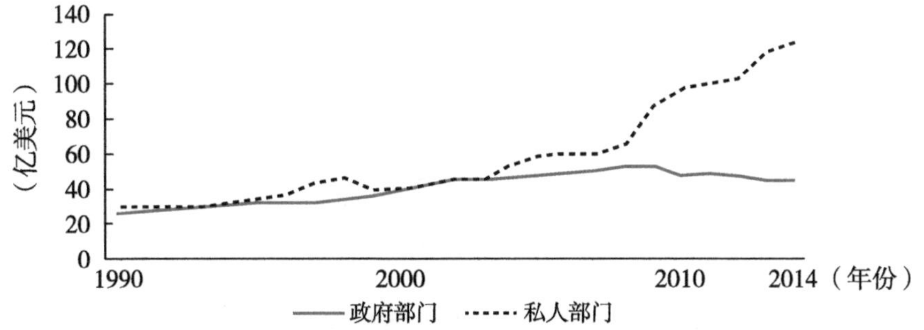

图 2-9　美国政府与私人部门投资农业科研情况

数据来源：美国农业部。

6. 研究领域方面，注重农业新趋势及前沿研究，关注农业可持续发展

中国农业科技创新投资倾向于解决区域农业问题、减少化肥和农药、农田保护、综合机械化、废物回收等问题，对新兴研究方向关注不足。2020 年 2 月，美国农业部（USDA）发布《USDA 科学蓝图：2020—2025 年科学路线图》，提出美国农业部未来 5 年科学发展的愿景与重点之一是农业可持续发展，关注动植物生产、健康和遗传，生产、技术和管理方面的进步将使农业能够在增强可持续性的同时重点提高生产力。美

国、日本、韩国和欧盟的农业科技研究领域共同点在侧重农业可持续发展、气候变化与适应、生物技术开发、农产品增值创新、食品与营养转化。在重点研究领域可借鉴的政策，例如，日本提高农产品附加值的“六次产业化”计划和欧盟农业环境保护、农业可持续发展“农村发展项目”，政府分别出资300亿日元和1 000亿欧元。

（执笔人：毛世平 林青宁 金晔 周娜 陈雪 方强 李慧泉 杨玉莹）

三、国际农业科技管理机制改革研究报告

（一）先进国家农业科技创新机制主要做法

1. 美国的主要做法

一是建章立制，保障农业科技创新全链条。《莫里尔法》法案奠定了美国科研、教育、推广三结合模式架构，《斯蒂文森—怀德勒技术创新法》打通了公共研究机构与私人企业间科技成果转移的正常渠道，逐步建立了公立和私立机构相结合的研发合作关系，《专利法》加强知识产权保护，维护企业科技研发投资利益，激发涉农企业的科研投资动力。

二是资金渠道多元化。美国的农业科技研发经费主要来源于联邦政府、州政府和企业三大渠道。其中，企业已取代政府农业科技研发投入的主力军，私人农业科研投资占到农业科研投资总量的60%以上。

三是分工合理，建立灵活、高效的运行机制。美国农业科研、教育、推广在机构设置上紧密结合，赠地大学农学院作为多主体紧密结合部，承担科研、教学、推广三位一体的工作职能。在农业科技研发上，政府、企业、大学、科研机构关注的侧重点不同。联邦政府经费投入以基础性、前沿性研究为重点；企业下设的农业研究机构则将重点放在能直接应用于生产、且具有市场潜力、能获取高额回报的应用性研究上。

四是企业是农业科技创新的主体。企业发挥着美国科技创新的主体作用，其研发投入占全国研发投入的70%[2]。科技创新企业多由科学家组成，采取“大学—产业联盟”的形式，企业可以充分利用科学家科研能力的优势，缩短理论研究、产品开发和市场需求之间的距离，企业则竟成果高效地转化为商品，通过市场检验产品研发的效果，并促进研发的进一步发展，从而形成良性循环。“大学—产业联盟”的形式将大学的科研优势和产业的市场优势相结合，有效地推动了科技创新和科技成果转化。

2. 日本的主要做法

一是法律保护，重视农业科技推广创新体系建设。日本国会通过《农业改良助长法》依法建立农业推广体系。同时，日本政府颁布的《农业协同组合法》已经成为促

进和保护日本现代农业合作社的基本法律。日本政府制定了《科学技术基本法》，并把它作为一项长期国策。

二是资金投入保障。“政府管政府，企业管企业”，是日本财政拨款的主要做法，因此日本农业科技研发经费主要来源于政府拨款。而农业科技推广经费依法由中央政府与各都、道、府、县共同负担。近年来，中央与地方支付比例由以前的7：3逐渐降为6：4，现在已接近5：5，地方承担比例有逐年增多的趋势。

三是搭建合理、协作的运行机制。日本在国立农业科研机构调整中，设立首席研究官制度，研究官作为学科带头人，可以跨越研究室组织成员开展课题科研工作，有效带动了重点项目及综合性交叉课题的研究。日本政府注重加强政产学研密切合作。农林水产省发挥对农业科技研发机构和科技推广机构指导作用，实现农业科技需求信息和科技创新成果信息双向流动。建立大学与企业合作的教育机制，如委托研究、研究权属保障、人员互派等；以科学园为载体，建立高校、科研机构、企业集聚园区，如筑波大学的高技术科学城；出台政策鼓励科学家企业兼职，如日本政府同意将产学共同研究的场所设在企业，允许国立、公立大学的教师到企业兼职等。

3. 荷兰的主要做法

一是经费筹措保障。荷兰农业科技研发和推广投资渠道多样化，政府主要向农业基础研究、战略研究及所属农业科技推广机构进行重点投入，而私人部门投资已渗透到农业发展的各领域。

二是促进产学研密切合作。荷兰农业部下设国家农业研究委员会，负责协调全国范围内的农业科研工作，其下还设有专业咨询委员会，承担研究机构和生产需求之间信息传递及成果推荐的沟通工作。农业科技需求通过经济组织和行业组织或协会这些联结点形成产学研多向互动的反馈机制，将信息及时、快速地传递到农业科技研发机构和推广机构，从而加快了农业科技创新成果的转化。荷兰农业科研项目立项以市场需求为导向，实行委托式科研项目管理机制。一方面科研机构通过竞争，获得政府委托研究项目及经费资助；另一方面，研究机构可面向生产、面向市场，接受私人企业的项目委托，从事课题研究。

三是农业科技体制改革企业化。引入市场机制，通过逐年缩减经费投入不断将农业科研及推广机构推向市场。目前，很多相关机构已从政府的全额支持中脱离了出来，成为自收自支、自负盈亏的营利企业，增强了研究、推广的专业性和市场竞争力。在机构私有化改革中，政府对农业科技研发人员和推广人员实行了分流。改革后，荷兰农民采用直接或间接付费的方式获取所需农业科技推广服务机构服务、专业技术指导或将服务咨询。

4. 以色列的主要做法

一是立法为先，推进农业科技创新。出台一系列农业高新科技发展鼓励性法案，通过《鼓励投资法案》向农业领域内具有一定条件的投资项目提供一定比例的投资补贴；减免税额；设立农业开发风险基金等，以吸引投资，大力支持农业科技研发。

二是政府投入为主，多渠道筹资为辅。贫瘠的农业资源决定了以色列必须通过高科技投入替代稀缺资源，走高效农业发展的道路，因此，以色列政府在财政上对农业科技研发和推广给予充足的支持。

三是以市场为导向，加强农业科技与生产的结合。农业产品经营以订单生产为主，研究项目紧密结合农业生产问题和国内外的市场需求。注重缩短农业科技成果从潜在生产力转化为直接生产力的周期。农业科技成果研发成功后，直接通过农业科技衔接系统传递到农民手中，农田试验出现的问题，迅速由推广人员反馈给科研人员以求解决。

5. 英国的主要做法

一是建立领导机构，进行统筹管理。成立农业科技领导统筹机构，即英国农业技术领导委员会，发布了目前英国最重要的农业科技政策——《英国农业科技战略》。建立领导机构有利于充分利用科研资源，促进科研合作，从更高层面贯彻实施英国的农业科技政策。

二是研究机构独立自治，主观能动性高。实施宏观科技政策的制定和管理与科研经费的分配的权力分置，高等教育基金委员会为大学提供资助，研究理事会则以研究项目或研究计划的形式对大学和公共研究机构予以支持。英国公共研究机构的资金源于政府，但独立于政府的管理体系，实施去行政化运行，科研效率更高。

三是促进公共科研机构和企业合作，发掘科研潜力。农业企业是英国农业产业主导性投资力量，农业企业的科研支出占总农业科研经费支出的60%以上。农业公共科研部门和企业还通过商业组织、私人投资者、基金和信托的长期投资，形成长期可持续的内部投资增长，有利于挖掘农业科研潜力，创造新一代合资企业，增加出口机会。

（二）先进国家农业科技体制机制创新启示

1. 农业科技创新体系多层次、参与主体多元化

各国形成了国家、地方、基层（企业、农民合作组织、农场主）相互协作的多层次农业科技创新体系，层次清晰，职责明确。体系内的信息传导双向畅通，各层次间协作有序。参与主体既相互独立，又具开放性，彼此间相互依存、相互渗透，既合作又竞争。在各主体构成的体系网络里，科技流、资金流、人才流、信息流交互式流动频繁，保持了农业科技创新的稳定性、持续性和前瞻性。

2. 确立企业在农业科技创新中的主体地位

企业是推动创新发展的动力和源泉。企业以市场为导向、以利润为驱动，利用自身资源、资金、市场等优势，可以提高科研成果转化率，将具有潜力的创新产品投入市

场，赚取资金回报。与公共部门相比，企业的活力更强、机制更加灵活，为农业科技创新提供良好的发展环境。

3. 加强法律保护保障

各国政府基于农业科技创新的特殊性，通过国家立法形式对农业科技创新进行保护和保障，以提升农业科技创新能力，增强农业竞争力。强化知识产权保护，用法律法规明确推广资金投入的比例和数量，聚焦公益性基础性、前瞻性研究，保障各国国家性农业科技推广机构推广经费来源的稳定。

4. 资金投入保障有力

各国已经形成由政府公共投资和企业、社会机构等私人投资共同分担的农业科技创新体系建设资金投入模式，投资主体多元化、来源渠道多。各国高度重视农业科技投入强度，在加强国家财政预算确保财政投入的同时，充分发挥政府引导和政策导向作用，吸引和鼓励各种社会资金投入到农业科技创新体系的建设中。目前，各国农业科技创新投资呈现政府投资稳定，企业投资占比不断加大的趋势。

5. 产学研合作密切

各国在农业科技创新体系建设中十分注意产学研密切合作，注意农业科技与农业生产的有效结合。各国实践表明，产学研合作成功主要得益于政府参与的引导性，创新主体间介入、组合方式的灵活性，农业科技成果转移、推广衔接的无缝性，创新主体间利益保护的有效性。

（执笔人：周国民 庄严 杨帅）

四、以色列农业科技创新发展调研报告

以色列作为世界上自然资源最匮乏的国家之一，充分依靠科技创新发展现代农业，成为世界上农业最发达的国家之一。以色列在农业科技创新方面的成功做法和经验，对我国依靠创新驱动乡村振兴、加快推进农业农村现代化具有积极的借鉴意义。

（一）以色列农业科技创新的主要做法

1. 注重农业科技创新投入

一方面，以色列农业快速发展离不开政府的财政支持，每年用于农业研发的投资超过农业总产值的2.5%。在以色列农业科研经费的投资构成中，约有10%用于基础研究，70%～75%用于应用研究，15%～20%用于农业科研成果的开发和推广。在以色列农业部的农业科研经费中，50%定向拨给国家农业研究组织，剩余50%和政府其他农业科研基金按分类管理，统称为“竞争性基金”。以色列农业科研资金管理实行优胜劣汰，鼓励学术研究的平等竞争，并推行严格的项目追踪式过程管理监督、评估机制，大大提高了科研投资效益。另一方面，以色列企业也提供农业科研经费，主要用于引导和补贴应用性研究。如以色列最大的专业种子公司——海泽拉优质种子公司特别重视研发，将每年收益的15%~17%投入研发。

2. 注重高新技术的研发应用

以色列农业的核心理念是“以少产多”，即用更少的资源获得更大的产出，创造更多的收益，以色列的农业科技创新紧密围绕这一核心理念展开。一是再生水资源化利用。以色列大力发展再生水利用和滴灌技术，将污水回收率提高至目前的93%，成为世界水资源回收利用率最高的国家。同时，90%以上的农田、100%的果园、绿化区和蔬菜种植均采用滴灌技术进行灌溉。全国农业用水总量30年来一直稳定在每年13亿立方米左右，农业产出却翻了5倍。二是节水灌溉与水肥一体化技术。以色列在自动化节水灌溉和水肥一体化技术方面走在世界的前列，几乎所有的灌溉方式都实现了计算机控制，实现节水农业的自动化与精准化，水肥利用率高达90%。三是新品种培育与改良。以色列的育种技术一直处于世界领先地位，通过不断改进种子的抗病性和作物的适应能力，培养出对水的需求量较少的农作物种子和多种抗灾、抗病、高附加值的新品种。例如，以色列培育出40多个番茄品种，向全球提供了70%的小番茄品种，1公斤番茄种子价格远高于1公斤黄金价格。

3. 注重市场化导向和高技术产业发展

以色列发展农业是以效益为中心，把农业作为一个能获取丰厚利润的产业来经营，走高投入、高产出、高质量、高效益的发展之路。以色列将发展农业的战略重点定位在生产高质量的出口创汇农产品上，开发和扶植出口型龙头产业，并通过提供低息贷款来支持农户建立农产品生产和出口基地。随着农业收入的增长，以色列政府又提出发展高技术以占领国际市场，高技术的广泛应用极大地提高了农产品的产量和质量。

4. 注重集约化、规模化生产和完善技术服务体系

以色列农业生产经营的组织形式主要包括270多个集体农场（基布兹）和450多个农业合作社（莫沙夫）两种形式，占以色列农业资源和农业劳力的95%以上，实现了集约化、规模化生产。此外，完善的技术服务体系是以色列农业的基本保障。以色列成立了农业技术推广服务中心，根据农业生产需要设有牛、羊、大田作物等14个专门委员会，承担着政府农业技术推广的职能。为便于将成熟的科研成果快速传输给农民，根据不同农业生态区域条件成立了9个区域性推广服务中心，负责本区域的技术推广与农业科研的相互衔接。每个区域中心有10~30名专业推广人员，并根据区域农业技术推广特点建立了一些专门委员会。以色列的农业技术推广是一项公益性服务，所需经费大

部分由政府财政拨款，只有约10%来自农业生产者的投入。

5. 注重建立农业资助和保险体系

以色列具有较为完善的农业扶持政策和较为精准的农业补贴方案，对于政府鼓励种植的农产品给予适当补贴；对于超过市场需求的农产品，政府也给予补贴并调节生产。农业补贴并不发放给农民，而是更多投资在农业生产方面，如对农民减少用水定额给予补贴，对改进灌溉技术给予投入支持。以色列政府还制定目标价格，作为农民生产经营的导向；鼓励农民购买农业保险，以减轻农民生产经营风险。

（二）对我国的启示

1. 加强农业重点领域研发创新

一是保障粮食安全、食品安全和生态安全，开展粮食作物分子育种、高效简化栽培技术等方面的研究，推动藏粮于技。二是树牢绿色循环发展理念，开展化肥农药减施增效、农业废弃物资源化利用等方面的研究。三是提升农业生产装备现代化，加强园艺机械、蔬菜育苗机械等领域智能装备研发力度，推进水肥一体化灌溉、精准化作业机械等农业智能装备技术创新应用。四是大力发展智慧农业，推动大数据、云计算、物联网、智能装备应用，加快提升农业数字化、信息化、智能化水平。

2. 加快高技术应用和农业高新技术产业发展

因地制宜加快高新技术应用，发展农业高新技术产业，加快推进农业高质量发展。一是在东北、华北等平原地区，大力推进农业机械化、规模化生产，提高劳动生产率。二是在中、东部地区或城市郊区，大力发展设施农业、智慧农业，提高土地产出率。三是在西北等干旱荒漠地区，大力推进滴灌和水肥一体化技术，提高水资源利用率。

3. 建立多元化科研投入和补贴机制

构建财政资金优先保障、金融重点倾斜、社会积极参与的农业科技多元化投入机制。一是强化政府对农业科技创新投入的主体责任，加大农业科技投入，重点是调整和优化财政科技投入结构，加大公益性、基础前沿和战略高技术的研究投入。二是鼓励、引导企业开展农业创新，培育农业科技型企业，逐步推动企业成为农业技术创新的主体。三是发挥财政投入的杠杆作用，引导社会资本、金融资本、风险资本、新型商业模式与农业科技创新的融合，逐步培育壮大企业创新主体力量。

4. 完善农业科技社会化服务体系

加快构建与农业生产紧密结合、满足产业发展的公益性技术推广和社会化服务体系。一是对病虫害测报、动植物疫病防控等公益性服务机构给予稳定支持。完善科技推广人员绩效考核与激励机制，构建以基层农技推广机构为主导、科研院校为支撑、服务组织广泛参与的新型农技推广体系。二是加强对市场化、经营性的多元农技推广主体的引导、服务和必要的监管，搭建公共信息服务平台，促进小农户与现代农业的有机衔接。通过政府购买服务、后补助等形式，支持社会化服务机构发展，鼓励社会参与农业农村科技服务。

5. 营造良好的创新创业环境

一是加大对农业农村创新创业活动的支持力度，在政策支持、资金投入、平台建设上予以倾斜，着力推动形成完备的创新创业生态系统。二是建立高素质现代职业农民教育培训制度，加强新型经营主体带头人的培育和现代职业农民的培训，提升农民科学文化素质和技术应用能力。三是建立风险分担机制。在农业农村科技孵化器、科技研发基金等领域，研究建立对乡村振兴有益的高风险、高科技项目的风险补偿机制。

（执笔人：王敬华 李树辉）

科技投入篇

一、我国农业科技投入政策短板分析与建议报告

（一）国家公共财政农业科技投入研究

1. 我国农业科技活动经费投入存在的短板

（1）近年来我国农业科技投入有所增加，但在国家整体科技中仍处于弱势地位，且有不断“边缘化”趋势。我国农业科技活动经费由 2001 年的 62.80 亿元增长到 2015 年的 388.80 亿元，但农业科技投入增速慢于全行业，占科技总投入与财政总支出的比重均呈现下降趋势，农业科技投入占科技总投入的比重从 2001 年的 8.93%下降到 2015 年的 5.35%，农业科技投入占财政总支出的比重从 2011 年的 0.33%下降到 2015 年的 0.22%。

表 3-1　2001—2015 年中国农业科技总投入

（金额单位：亿元，增长率单位：%）

年份	国家财政总支出	国家财政科技拨款	农业科技投入	#农业部科研机构投入	#高等学校投入	科技拨款占财政总支出的比重	农业科技投入占财政总支出比重	农业科技投入占科技总投入比重
2001	18 903	703	62.82	53.6	9.3	3.72	0.33	8.93
2002	22 053	816	80.83	69.3	11.5	3.7	0.37	9.9
2003	24 650	945	85.75	72.2	13.6	3.83	0.35	9.08
2004	28 487	1 095	92.3	73.5	18.8	3.84	0.32	8.43
2005	33 930	1 335	101.61	82	19.6	3.93	0.3	7.61
2006	40 423	1 689	117.1	92.8	24.3	4.18	0.29	6.94
2007	49 781	2 136	155	125.7	29.3	4.29	0.31	7.26
2008	62 593	2 611	185.35	145.7	39.7	4.17	0.3	7.1
2009	76 300	3 277	219.69	168.8	50.9	4.29	0.29	6.7
2010	89 874	4 197	256.8	187.6	69.2	4.67	0.29	6.12
2011	109 248	4 797	263.2	201.9	61.3	4.39	0.24	5.49
2012	125 953	5 600	299.8	227.2	72.6	4.45	0.24	5.35
2013	140 212	6 185	328.1	250.3	77.9	4.41	0.23	5.31
2014	151 786	6 455	336.6	256.8	79.8	4.25	0.22	5.22
2015	175 878	7 006	388.8	298.5	90.3	3.98	0.22	5.55
年均增长速度(%)	16.03	16.56	12.92					

数据来源：《中国科技统计年鉴》《中国高等学校科技统计资料汇编》。

（2）我国农业科技投入强度显著低于全行业以及国外发达国家水平。2009—2015年，我国农业科技活动与R&D活动投入强度呈先升后降态势，2015年维持在0.55水平①，不仅显著低于同时期全行业1.66~2.07的水平，与日本（平均值为4.86）、美国（平均值为8.01）的农业科技投入强度更是相差甚远。

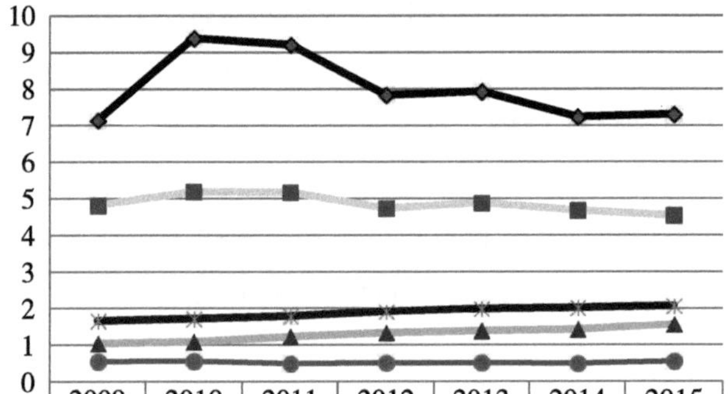

	2009	2010	2011	2012	2013	2014	2015
农业科技投入强度（加企业）	1.04	1.08	1.22	1.33	1.38	1.42	1.56
农业科技投入强度（无企业）	0.55	0.56	0.49	0.51	0.51	0.49	0.55
全行业投入强度	1.66	1.71	1.78	1.91	1.99	2.02	2.07
日本农业投入强度	4.82	5.19	5.17	4.74	4.88	4.68	4.54
美国农业投入强度	7.15	9.39	9.21	7.84	7.93	7.24	7.31

图3-1　我国农业投入强度及国际比较

（3）农业科研领域稳定性研究性经费与人员费用不足。原农业部属科研单位的竞争性项目拨款占全部经费的比例从1997年的0%上升到2016年的27.00%，政府拨款则由1997年的100%下降到2016年的71%，竞争性项目经费增长过快，与德国85%的水平差距明显。此外，尽管人员劳务费占R&D经费支出的比重从2009年的30.6%提高到39.4%，但相比印度、巴西等国70%以上的水平，仍有较大差距。

（4）基础研究投入上升明显，但距离发达国家仍存在较大差距。2006—2015年，我国农业科技经费中基础研究经费比例由12.9%上升到17.4%，取得长足进步，但距离日本28.03%的水平，仍存在较大提升空间。

① 即便将涉业企业（农副食品加工业、食品制造业、饮料制造业、烟草制造业、纺织业以及木材加工及木、竹、藤、棕、草制造业6个涉农行业大中型企业）科技投入考虑在内，2009—2015年我国农业科技投入强度由1.04上升到1.56，仍显著低于全行业及发达国家水平。

表 3-2 我国农业科研机构稳定性经费与竞争性经费

年份	政府投资额（千元）			来源结构（%）	
	政府资金总量	财政拨款	政府项目	财政拨款占比	政府项目占比
1997	1 937 026	1 937 026	0	1.00	0.00
1998	2 132 922	1 618 273	411 973	0.76	0.19
1999	2 397 872	1 850 088	443 058	0.77	0.18
2000	2 598 771	1 960 465	538 675	0.75	0.21
2001	3 136 273	2 411 111	593 472	0.77	0.19
2002	4 020 242	3 080 092	769 288	0.77	0.19
2003	3 910 018	3 547 596	977 340	0.91	0.25
2004	4 678 153	3 228 566	1 224 612	0.69	0.26
2005	5 393 131	3 646 239	1 479 057	0.68	0.27
2006	6 061 617	4 079 153	1 673 114	0.67	0.28
2007	8 653 344	5 644 785	2 530 972	0.65	0.29
2008	10 174 647	6 539 578	3 131 856	0.64	0.31
2009	11 674 941	7 643 379	3 495 966	0.65	0.30
2010	13 208 098	8 640 010	4 063 148	0.65	0.31
2011	14 130 424	9 319 902	4 330 737	0.66	0.31
2012	15 943 684	10 824 015	4 499 996	0.68	0.28
2013	17 846 077	11 963 031	5 004 665	0.67	0.28
2014	18 193 875	12 679 665	4 905 977	0.70	0.27
2015	21 082 556	14 892 447	5 476 783	0.71	0.26
2016	23 606 793	16 711 210	6 289 855	0.71	0.27

表 3-3 中日经费结构比较

（单位:%）

年份	中国			日本		
	基础研究	应用研究	开发研究	基础研究	应用研究	开发研究
2006	12.9	35.8	51.3	27.4	29.07	43.53
2007	12.2	33.9	53.9	27.93	29.6	42.5
2008	13.8	31.8	54.4	27.4	30.17	42.5
2009	14.4	32.5	53	27.6	30.27	42.17
2010	12.4	35.7	51.9	27.07	29.67	43.27
2011	14.5	34.8	50.7	27.97	29.63	42.47
2012	16.2	29.8	54	28.2	29.17	42.67
2013	16.1	31	52.8	27.77	29.83	42.37
2014	17.1	27.7	55.2	28.2	29.9	41.9
2015	17.4	29.1	53.5	28.03	30.73	41.23

2. 对策建议

（1）稳定支持农业基础性、前沿性、公益性科技研究，进一步强化农业科技在国家整体科技中的地位，确保农业科技投入增速不低于全行业水平。建立稳定持续的支持政策，提高农业科研投入强度，力争 2025 年达到 1.5%，2030 年达到 2%，2035 年突破 2.5%。

（2）改变目前国家主体科技计划竞争立项的方式，大幅提高非竞争性经费支持比例，强化稳定性经费支持力度，力争 2025 年达到 80%，2030 年超过 85%，同时引导竞争性经费关注成果转化和商业化。

（3）优化科技项目的立项方式，试点国家科技计划项目经费列支人员费用，争取 2025 年达到 45%，2030 年超过 50%，2035 年突破 55%；同时加大科学事业费中人员经费比重，保障科研人员工资、收入水平，激励科研人员安心科研。

（4）强化农业基础研究，确保农业创新链前端出成效。统筹管理科研经费，明确资金使用用途，处理好当前与长远、应用研究与基础研究的关系，切实加强对农业基础研究的重视程度，进一步扩大农业基础研究的投入比重，争取 2025 年基础研究比重达到 20%，2030 年达到 25%，2035 年突破 30%，从农业创新链源头上打开农业科技发展的思路，培育一批“高精尖”农业技术，解决国外技术“卡脖子”问题。

（二）WTO 规则下我国农业科技完善空间研究

1. WTO 规则下我国农业科技支出短板

（1）绿箱支出比例①、农业科技创新支出比例②与发达国家比均存在较大差距。中国绿箱支出比例比主要发达国家低将近 15%；中国农业科技创新支出在一般农业服务支出中占比较小，为 15.47%，而美欧均在 30%~40%，日本在 25.6%。

表 3-4　各国农业科技创新支出占一般性服务支出比例

年份	农业科技创新支出占比				
	中国	日本	韩国	美国	欧盟
2006	19.87%	17.13%	NA	31.86%	24.20%
2007	13.60%	17.49%	NA	NA	34.29%
2008	13.05%	17.94%	NA	38.22%	32.73%
2009	23.69%	20.45%	NA	37.28%	26.93%
2010	27.67%	19.74%	NA	26.80%	25.08%

① 绿箱支出比例=绿箱支出数额/绿箱、黄箱和蓝箱支出总数额

② 农业科技创新支出比例=农业科技创新支出数额/一般农业服务支出数额

（续表）

年份	农业科技创新支出占比				
	中国	日本	韩国	美国	欧盟
2011	19.42%	21.38%	NA	33.95%	22.95%
2012	17.83%	21.05%	18.35%	36.56%	25.46%
2013	17.18%	23.19%	19.43%	27.14%	27.75%
2014	18.15%	24.93%	21.86%	32.50%	26.02%
2015	15.30%	27.66%	19.63%	30.21%	29.46%
2016	15.47%	25.60%	NA	40.90%	38.39%

（2）农业研究支出占比较低①，且无上升趋势。从农业科技创新支出内部结构来看，中国的农业研究支出占比最小（24%），美、欧、韩均是农业研究支出占比最高（美国：46%；欧盟：50%；韩国：69%）。

（3）中国与日本相似，农业技术推广支出占比②较高，为74%，高于欧盟、美国与韩国（47%、24%与25%），但中国科技三项支出波动较小，而日本科技三项支出则根据产业需求不断变化。尽管我国农业技术推广支出比例较高，但是现实推广工作中仍然存在推广渠道单一、管理机制落后等限制推广成效的问题。

（4）农业科技培训支出比例过低③。各国在培训支出的比例普遍较低（欧盟：4%；韩国：6%），但均高于中国（2%），距离美国24%的水平差距巨大。

（5）美国偏向卫生与公共服务部门，重视饮食等商业作物等基础性研究以及农业的商业价值和开发应用。日本则重点关注基因组、生物学研究，开发新的植物栽培品种和农产品，确保农产品和视频的安全性和可靠性以及解决环境问题和可持续利用当地资源。韩国侧重于生物技术开发、高附加值食品以及应对气候变化等方面。欧盟则主要关注食品、卫生与健康，土地、森林以及水生环境等生物资源的可持续经营与管理以及可持续非食品类产品与其加工制造的生命科学与生物技术。反观中国，中国农业科技创新投资倾向于解决区域农业问题、减少化肥和农药、农田保护、综合机械化、废物回收等问题，对农业可再生资源和农业食品安全的风险防控等新兴研究方向关注不够。

① 农业研究支出占比=农业研究支出数额/农业研究、培训和技术推广的总支出数额，也即农业研究支出数额/农业科技创新支出数额

② 农业技术推广占比=农业技术推广支出数额/农业研究、培训和技术推广的总支出数额，也即农业技术推广支出数额/农业科技创新支出数额

③ 农业科技培训占比=农业科技培训支出数额/农业研究、培训和技术推广的总支出数额，也即农业科技培训支出数额/农业科技创新支出数额

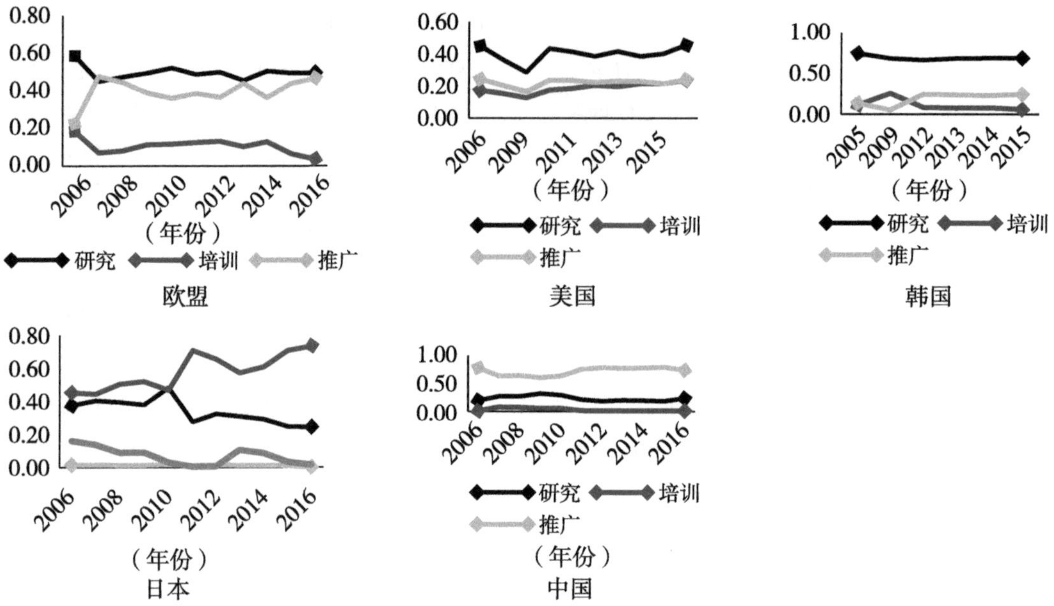

图 3-2　各国农业科技支出结构

2. WTO 规则下我国农业科技提升空间

基于此，提出如下政策建议。

（1）加大科技投入、创新推广方式、重视职业教育，打造“研教推”一体化系统。第一，加大“绿箱”支持力度，增加农业科技投入与财政支持强度，将农业科技支出在一般农业服务中的比例提高到 20% 以上，依靠技术进步，实现农业发展“提质增效”；第二，创新推广方式和管理，培育中介组织推进农业科技的商业化进程，并通过 PPP 模式，吸引金融机构、风险基金等参与到农业科技创新链条中，转移、分散风险。第三，加大农业教育培训支持力度，争取达到 6% 的支持比例。多途径开展农民培训，打造教育网项目，旨在农业科研机构、工业部门和地方政府间建立服务农民的区域网络，提高农民的市场意识、风险意识，确保农业从业者“接得住”新技术。

（2）加强对农业科技新趋势和国际研究前沿的关注和投入。后 WTO 时期，依靠价格优势参与国际竞争的限制越来越大，也容易成为反倾销的牺牲品。因此必须大力提高农产品的知识附加值，关注农业科技国际发展新趋势，切实加强对现代农业转变过程中新的方向、方式的研究，逐步加大对环境、食品安全与营养等新兴趋势的投入力度，促进农业产业转型升级。

（三）我国农业补贴路径优化研究

1. 我国农业补贴存在的问题

（1）补贴结构不合理，部分环节补贴力度不足。现有补贴涉及多环节、多类别，补贴分散，较为注重研发阶段，但对于农业科技成果产业化、现代农业技术推广、农民培训及农机购置环节的补贴仍需加强，其中农机购置补贴近年持续下降，由2015年238亿元下降至2019年180亿元。

（2）补贴资金管理缺乏科学性，政策执行成本高。目前农业财政资金实行分块管理，农业科研费、农业综合开发资金等均有两个或两个以上部门管理，不利于资金的统筹安排和使用。补贴资金下拨层级多，执行成本高，容易产生寻租空间，且由于监督机制不健全，易被占用，导致资金流失。

（3）补贴方式缺乏灵活性，动态调整能力不足。各主体在农业科技创新项目立项过程中重申报、轻研究，导致一些获得补贴资金的项目无法达到预期目标。

2. 农业补贴科技创新建议

（1）优化补贴结构。①形成标准统一，各环节联系紧密、相辅相成的长期稳定的补贴体系，优先考虑目标明确、布局合理的科技创新项目进行试点及补贴，逐步完善全产业链补贴布局。②建立对现代农业的精准扶持机制，加大对绿色农业、数字农业等为导向的科研及成果转化补贴。③现有农民培训及农机购置补贴力度仍需加大，以增强农业科技创新成果推广和使用。

（2）完善补贴资金管理。①调整和完善现有的农业科技补贴管理体系，改变现有的“多头管理、九龙治水”模式。可考虑在现有职能部门的基础上，强化其补贴管理职能，做到政出一门。②加强对补贴资金的监管及核算，提高资金透明度，完善和细化科技资金发放和使用环节相关工作流程。③发挥财政补贴资金的前期引导作用，逐步建立以财政资金为引导，农户投资为主体，社会投资为补充的多元化农业投资体制。

（3）建立动态调整补贴方式。①将农业补贴与科研单位农业科技创新研发进度挂钩，提升科研主体积极性和主动性，提高补贴的效果和效率。②对于科技创新项目进展较好且已取得一定成果的主体可适当追加补贴额度，而对于暂未取得阶段性进展的主体则可对其补贴额度进行下调。

（执笔人：毛世平 林青宁 金晔）

二、金融支持农业科技创新投入调研报告

农业历来是“安天下、稳民心”的战略性产业，而农业的发展最终要依靠农业科

技的创新和进步。党的十九大报告强调要以农业科技作为强农富农的工作突破点。随着金融供给侧结构性改革的深入推进，我国金融服务实体经济的能力持续提升，但在支持农业科技方面仍然存在明显短板。探索金融服务农业科技的有效路径，形成多主体、多渠道、多层次的支持格局，不断加大对农业科技的资金投入力度，是当前金融工作的一个重要课题。

（一）我国农业科技发展和金融支持的基本情况

近年来，我国大力推进科教兴农，取得了明显成效。主要农作物自主选育品种已经提高到95%以上，耕种收综合机械化率超过75%，现代化农业基础设施不断完善，数字化农业试点顺利推进。总体上看，我国农业科技水平和发达国家相比仍然有不小差距。2019 年，我国农业科技进步贡献率为 59.2%，远低于发达国家 80%~90%的水平，农业科技成果转化率仅为 40%左右，而发达国家达到 80%以上（数据来自农业农村部官网）。

制约我国农业科技发展的因素有很多，资金投入不足是其中显而易见的一个方面。2019 年，我国农业科研投入强度（即农业科研投资占农业 GDP 的比重）为 0.77%，低于发达国家的 3%~5%，也低于我国整体科研投入强度 1.7%［数据来自姚长存．商业银行支持农业科技创新的现实难点与破解思路．农村金融研究（2019 年第 9 期）］。投入农业科技研发和转化的市场化融资尤其少，大部分资金都来自财政拨款。

近年来，人民银行等部门认真贯彻落实乡村振兴战略，不断完善政策扶持体系，引导金融资源向“三农”领域倾斜，金融服务“三农”取得了长足进步，但金融支持农业科技仍是弱项。据统计，2018 年末，银行机构农业科技贷款余额约 354 亿元，仅占同期涉农贷款的 0.11%。2019 年 6 月末，农业发展银行支持农业科技创新的贷款余额 102 亿元，仅占全行贷款的 0.2%［数据来自赵海．政策性金融支持农业科技的案例探讨与思考建议．农村金融研究（2019 年第 10 期）］。另外，资本市场对农业科技型企业的筛选能力和融资功能也偏弱。

（二）金融支持农业科技发展的现实难点和问题

我国金融支持农业科技发展的力度水平不高，原因极为复杂，既有农业自身特殊性的问题，也有科技创新规律的问题，既有金融机构服务能力的问题，既有配套政策不完备的问题。

第一，农业科技创新具有与生俱来的公益性和社会性，相关领域更容易产生市场失灵。农业在国民经济中有基础性地位，关系 14 亿人民的生活安定，关系第二、第三产业的发展，关系生态环境的保护和改善。任何组织和个人都不可能也不应该长期获得农业科技进步带来的超额利润。也正因此，我国农业科技创新的主体是政府主导的科研院所和专业院校，公共服务和非营利属性非常明显，而企业和商业化科研机构数量不多。

第二，农业科技创新难度大、风险高、过程难监控，信息不对称问题和道德风险突出。农业科技创新相较于其他领域周期更长，无论过程控制还是结果达成都存在极大的不确定性。另外，创新的价值往往随着创新过程的推进逐渐显现，但金融机构很难对创新过程进行有效的监测和控制，无法阻止创新过程中阶段性成果被转移或出售。

第三，银行业金融机构的运营模式和经营能力还不适应创新驱动发展新形势。我国银行业金融机构在传统经济增长模式下运行了几十年，对政府信用支持的基础设施、房地产贷款形成了路径依赖，风险评估能力差，严重依赖抵押担保，内部的资源配置、产品体系、绩效考评、尽职免责等也不能满足服务具有“轻资产、高资金投入、高人力资本”特点科技型企业融资的要求。

第四，我国资本市场直接融资功能没有充分发挥。科技创新高风险、高收益的特征天然适合股权融资。但我国金融供应结构失衡，股债直接融资在社会融资总规模的比重过小，主板、创业板、中小板、新三板等股票市场差异化的门槛和交易制度不完善，创投行业面临募资难、退出难等发展困境，而且直接投资“硬科技”企业的比重不大。

第五，服务农业科技创新融资的配套制度尚不完备。科技信贷风险分担补偿机制还不够健全。政策性金融机构对农业科技创新的引导作用没有充分发挥。农业科技创新信息平台等中介服务体系不完善。

（三）金融支持农业科技创新的国际经验

发达国家金融支持农业科技创新的一些优秀经验和共性做法值得我国借鉴，主要包括发挥政策性金融发挥“压舱石”作用，商业金融、合作金融和政策性金融协同发展、相互补充，政府营造良好外部环境等等。

在美国，对农业科技创新的金融支持具有复合性、多元化特征。联邦政府对基础性研究和基础应用研究提供经费；风险投资为有潜力的初创期、成长期农业科技企业提供风险资本，企业进入成熟期后到股票市场上市融资；商业金融机构为大型企业和科技项目提供市场化融资；联邦土地银行、中期信贷银行等合作金融机构为农场主和中小科技公司提供小额分散的资金支持；农民农计局等政策性金融机构提供兜底式信贷支持。

在法国，对农业科技创新的金融支持以农村合作金融为主。法国农业信贷银行是法国最大的银行，业务覆盖全法，可以为农业发展提供全方位的金融服务。政府通过提供债券发行担保、贷款定向贴息、税收优惠等，引导金融支持农业科技创新。同时，鼓励其他商业银行和法农贷竞争开展贴息贷款业务，形成良性竞争环境。

在日本，对农业科技创新的金融支持以商业银行为主，合作金融和政策性金融发挥辅助作用。政府直接为公办农业科技研发机构提供充足经费；商业银行为大型或风险较小的农业科技型企业提供信贷支持，并持有部分股权，参与日常经营；农业合作金融机构农协系统为农民引进农业技术、完善农业设施提供资金，为农资企业提供研发经费；农林渔业金融政策公库、日本开放银行等政策性金融机构独立或牵头组建担保机构，分担信贷风险。

（四）探索加强和改进金融支持农业科技创新的有效路径

加强金融对农业科技创新的支持力度，增加投入农业科技创新的市场化资金，是提高我国农业科技水平的一项重要工作。建议准确把握农业科技规律和特点，充分借鉴国际经验，明确重点支持领域和对象，发挥政策性金融、商业金融、合作金融的协同作用，创新产品服务和业务模式，推动金融支持农业科技的力度和水平不断提高。

一是要明确金融支持农业科技的定位以及重点支持领域和对象。考虑到农业的特殊地位，以及我国从事农业科技的主体大多是科研院所的情况，财政拨款仍应是农业科技研发资金的主要来源。金融支持农业科技的对象应主要是农业领域的科技型企业、农业科技园区企业，以及广大购置种子、农机、完善农田设施的农民，通过增加市场化融资助力现代种业、高端农机、农田生态环保、农产品精深加工领域关键技术突破、成果转化和推广应用。

二是要形成财政、政策性金融、商业金融、合作金融协同配合的支持格局。积极发挥财政资金在风险补偿和分担方面的作用，用好国家融资担保基金、省级再担保公司、农业政策性担保体系以及各类信用保证基金等。推动政策性金融机构发挥先导示范作用，把支持农业科技作为战略转型重点方向，大力开展相关业务。商业金融为成熟期企业以及市场前景较好、风险较小的企业提供融资支持。农村合作金融进一步提高服务普惠性，为农户和小微型农产品加工企业提供支持。

三是要对不同机构形成差异化支持路径。对于处于种子期、初创期的企业，主要发挥风险投资的作用，银行进行跟贷或通过其他类型的投贷联动给予支持。对于处于成长期、成熟期的企业，可以综合运用“投、贷、债、股”多种渠道支持其做大做强。对于农业科技园、农业产业化联合体等，重点通过供应链金融、场景金融方式支持延伸产业链条，拓宽农业科技型企业发展空间。对于各类科研院所和园区企业，要根据整体财务状况确定贷款授信额度，以综合收入来判断还款能力。

四是要支持金融机构创新适应农业科技特点的产品服务和管理模式。支持金融机构针对创新型企业普遍轻资产的特点，发展知识产权等无形资产质押贷款业务；积极对接产业链和创新链，发展供应链金融，设计信贷产品，创新订单、应收账款质押融资产品；探索拓展抵押品范围，研究用农业设施使用权、大型农机具、机器设备等进行抵质押融资的可行性。引导金融机构改进管理体制机制，建立农业科技型企业的专属风险评价体系和授信审批模式，提高不良贷款容忍度，落实尽职免责办法，解决不敢贷、不愿贷问题。

五是要拓宽农业科技型企业的股权融资渠道。积极引导创投机构投资有“硬科技”的农业科技型初创企业。深化创业板和注册制改革，支持更多科技企业上市融资。推进新三板改革，落实分层管理，形成基础层、创新层、精选层差异化的挂牌门槛和交易条件，满足不足体量的农业科技型企业融资需求。加强农业科技型企业上市挂牌融资的培育和辅导，实现储备一批、培育一批、挂牌一批、上市一批。

（执笔人：郭建伟 吴浪）

三、我国农业科技成果转化调研报告

科学技术是第一生产力，创新是引领发展的第一动力。加快推进农业科技成果转化，是实施创新驱动发展战略的重要任务，是推动农业现代化发展、实施乡村振兴战略的必然要求。改革开放以来，我国农业科技创新及成果转化取得显著成效，但也面临诸多问题与挑战，系统研究农业科技成果转化具有重要现实意义。基于此，本报告在阐述农业科技成果转化意义及必要性的基础上，总结了农业科技成果转化路径与特征，梳理了改革开放以来我国农业科技成果转化政策，发掘了当前农业科技成果转化面临的突出问题，提出了政策建议供参考。

（一）国家促进科技成果转化的政策体系

“科技成果转化”是我国科技体制改革中出现频率最高的关键词，是中国科技体制改革，乃至市场化改革进程中不可忽略的主题。过去 40 年来我国科技成果转化政策的沿革历程大体划分为四个阶段，2008 年至今是重点突破期，其突出特征是十八大提出创新驱动发展战略，将创新置于国家发展战略的核心位置；党的十九大以来加大科技体制改革力度，新修订《中华人民共和国促进科技成果转化法》，颁布了若干规定，推动科技成果三权下放，提高科技成果转化的法定奖励比例；先后设立促进科技成果转化引导基金、实施技术创新引导专项、推进金融对科技成果转化的支持；构建有利于科技成果转化的科研评价体系等。当前科技成果转化政策的特点①是更加尊重市场规律、更加重视知识产权、更加强调企业是科技成果转化主体并更加聚焦市场保障机制。

科技成果转化是创新活动中的一个环节，并不是孤立存在的。整体上，我国促进创新和科技成果转化的政策已经从“重点突破”向“体系施策”转变，成果转化政策解决了“怎么转”的问题，“转什么”和“转给谁”则分别由知识产权政策和产学研融合

---

① 吴寿仁．科技成果转化若干热点问题解析（二十）——落实《促进科技成果转化法》需要观念创新．科技中国，2019 年第 1 期。

发展政策以及中小企业发展政策解决，形成了促进创新的政策链和措施网。提出了加强知识产权创造保护运用，强调加强知识产权保护是完善产权保护制度最重要的内容，是提高我国经济竞争力的最大激励。要加快知识产权强国建设、强化知识产权保护并提出提高知识产权质量，树立“专利等科技成果只有转化才能实现创新价值，不转化是最大浪费”的理念。强调促进产学研融合发展，突出企业是技术创新的主体，鼓励建立产学研深度融合机制，大力支持中小企业和民营企业发展。

（二）农业科技成果转化的路径与特征

1. 农业科技成果的类型①

按公共物品属性②，农业科技成果可分为三类，即公益性、准公益性和经营性。具有公共物品属性的公益性农业科技成果具有非竞争性和非排他性，用户可“搭便车”免费使用。主要是以知识形态存在的农业科学技术、区域性病虫害综合防治技术、耕作和栽培技术等，一般由政府提供公益性科技成果并推广公益性技术。具有私人物品属性的经营性农业科技成果主要是物化形式或借助特殊载体而存在的科技成果，如良种、化肥、农药、农业机械、地膜等，以及各类知识产权保护的科技成果，农业领域有四大类7类13个国民经济行业属于涉农专利密集型产业，包括微生物农药制造、兽用药品制造等。可由政府部门之外的企业、科教机构、新型经营主体等进行经营性推广。具有准公共物品属性的准公益性科技成果是指在一定条件下，通过特定的制度安排，其供给可以做到只局限在某个经济组织或经济联合体内部，从而使科技成果具备了“俱乐部产品”的准公共物品属性，此类科技成果需通过设计适当机制，可以采用经营性推广。

2. 农业科技成果转化与工业科技成果转化的差别

具有私人物品属性的经营性农业科技成果中，除品种外，其他物化形式或借助特殊载体而存在的科技成果，如可工业化生产，则类似或等同于工业科技成果。

对于动植物种业和具有公共物品属性的公益性农业科技成果，与工业科技成果相差较大，主要有以下差别，一是产生周期长、更新迭代慢。受农业生产季节性和生物体生长周期影响，成果产生过程漫长，包含多个顺序阶段，无法缩短。转基因育种技术和生物技术辅助育种原本是为提高效率和针对性，但目前不能广泛应用于生产实际。而工业科技成果的产生速度随着技术发展，一直在加快，例如甲醇制烯烃用时30年完成小试、中试到产业化的过程；而合成气制烯烃，用时3年即完成中试。电讯、通信等行业技术更新迭代速度更快。二是地域性明显。我国地理面积跨越三个温度带，农业生产种类繁

---

① 黄武．农技推广体系改革之我见——兼论公益性和经营性职能分离．农业经济，2008年第1期。

② 公共物品是既无排他性又无竞争性的物品。物品的排他性是指能否阻止人们使用这种物品；物品的竞争性是指一个人使用这种物品是否减少了其他人使用该物品的能力。

多，各区域的气候、地形、土壤等自然条件差别很大，针对生物体的科技成果具有明显的地域性，南橘北枳。而工业科技成果普适性强，一旦成型，则可复制，成果推广的成本相对较低。三是知识产权保护难。果树新品种和水稻、小麦、玉米等的常规品种，易扦插或可留种，知识产权很难保护。农业技术必须经过试验证明，技术秘密在过程中已被参与人员所知晓。而工业科研成果具有物理隔绝的天然屏障，如厂房和机器，外人无法接触，知识产权易保护。四是难以获得金融支持①。科技金融是科学技术资本化的过程，但其本质是金融资本获得高附加回报。对于公共物品属性的农业科技成果，金融资本因无法获利而难以支持。对于私人物品属性的农业科技成果，则因创新周期和时滞较长，而商业化基金存续期普遍较短（6~8 年），依然无法支持。据了解，目前尚无真正意义上的农业科技金融相关基金。而工业，特别是计算机技术领域科技人员创业，经常会有基金排队等待加入。

3. 小农户与农业新型经营主体的成果转化差异

目前全国有 2.3 亿户农户，户均经营规模 7.8 亩，经营耕地 10 亩以下的农户有 2.1 亿户。小农户数量占到农业经营主体 98%以上。有 300 多万家新型农业经营主体生产规模相对较大，我国农业产业化组织数量达 41.7 万个。

小农户的生产规模小，改进带来的微观经济效益相对较低，对农业科技成果的有效需求不足，尤其是综合性强、系列配套、区域连片类成果。推广技术整体效益过于分散，既加大了推广转化成本，也使科技成果供给者无法从中获益。小农户看重投入少、见效快的科技成果，接受共性技术。

新型经营主体具有一定盈利能力②，掌握了常规技术，对新技术快速应用需求旺盛，亟须综合性技术解决方案和个性化、定制化技术，愿意直接参与创新、技术转移节点前置，通过市场购买技术。更注重科技成果专有性、垄断性和技术排他性③。

4. 农业科技成果的转化路径

农业科技成果转化路径主要有两类，一类是公益性转化，即通常所说的公益性技术推广，指通过试验、示范、培训、指导以及咨询服务等，把农业技术普及应用于农业产前、产中、产后全过程的活动。主要靠农业技术推广部门、农业科教机构以公益性方式直接传递给农业生产一线。另一类是经营性转化，在研发推广机构到农业生产一线之间，需要企业的贡献和加入，而企业既是成果的接受方，也是技术推广方。

农业科技成果既有市场性强、需企业主体转化的类型，也有公益性强、需社会化政府主导的类型，需要按照不同类型的受众和不同性质的科技成果，优选更高效的转化方

① 贾敬敦等．农业科技金融创新研究．北京：中国农业出版社，2014 年。

② 易中懿．农业科技成果转移转化的探索与实践．2019 年全国农业科技成果转化大会主题发言，2019 年。

③ 张雨．农业科技成果转化运行机制研究．中国农业科学院研究生院博士论文，2005 年。

式，采取多元主体和多种机制相结合的综合性转化体系。

（三）农业领域科技成果转化政策

2015 年《中华人民共和国促进科技成果转化法》修订后，两处重点提到农业，即第十二条（五）国家通过政府采购、研究开发资助、发布产业技术指导目录、示范推广等方式予以支持能够促进现代农业或者农村经济发展的项目；第二十九条“国家鼓励农业科研机构、农业试验示范单位独立或者与其他单位合作实施农业科技成果转化”。2016 年，农业部印发《农业部深入实施〈中华人民共和国促进科技成果转化法〉若干细则》，提出要科学界定成果权属、规范成果处置、激励成果转移、明确主体责任等。

1. 农业领域知识产权政策

为了进一步保护农业创新，历年中央一号文件中有 12 次提到加强农业知识产权保护，最早为 2006 年。2019 年中央一号文件首次提出加强知识产权的创造与应用，建立健全农业科研成果产权制度，赋予科研人员科技成果所有权。2013 年 1 月，科技部、农业部和国家知识产权局联合发布《关于进一步加强农业知识产权工作的意见》。2019 年 4 月，市场监管总局、公安部、农业农村部等印发了《加强网购和进出口领域知识产权执法实施办法》。植物新品种权作为知识产权的一个形式，是农业领域的标志性知识产权类型。我国于 1997 年 3 月发布《中华人民共和国植物新品种保护条例》，并于 1999 年 4 月正式加入国际植物新品种保护公约 1978 年文本。2015 年 11 月，全国人大修订了《种子法》，将植物新品种保护单列一章。目前已建成从立法到执法、从审批到鉴定的完整工作体系。

2. 农业领域的产学研融合政策

农业领域没有出台具体的促进产学研融合的政策意见等，而是采取了三项实际行动。即 2007 年建设现代农业产业技术体系，打通产业发展的各个环节；2014 年起建设国家农业科技创新联盟，搭建集中力量办大事的平台载体；2018 年开始建设现代农业产业科技创新中心，打造区域经济增长极。

（四）农业科技成果转化与技术推广主体工作现状

1. 国家农技推广体系通过机制创新推动公益性推广

农技推广体系有 51 万农技人员，省、市、县、乡四个层级分别有 0.9 万人、3.2 万人、18.8 万人、28.3 万人。2018 年基层农技推广体系改革创新，“建机制、提能力”，通过强化引导激励，全面推进“一主多元”推广体系建设。促进公益性推广机构与经营性服务组织融合发展。在内蒙古等 8 个省区开展农业重大技术协同推广计划试点，构建农技推广的需求关联机制和利益联结机制。采取异地研修、集中办班、现场实训、网络培训等方式，提升基层农技推广队伍知识技能。完善中央、省、县三级主推技术推介制度，遴选推介了一批符合绿色增产、资源节约、生态环保、质量安全等要求的先进适用技术。基于大数据、云计算和移动互联等信息化技术，构建农技推广服务信息平台，促进专家、农技人员和农民的互联互通。实施农技推广服务特聘计划，从农业乡土专家、种养能手、新型农业经营主体技术骨干、科研教学单位一线服务人员中招募特聘农技员。到2018年底，全国541个国家级贫困县（或集中连片贫困地区县）和18个非贫困县招募特聘农技人员2 200多人。

2. 农业科教机构多元化开展成果转化推广

近年来，为积极响应国家号召、弥补人员经费财政拨款不足，农业科教机构大力开展科技成果转化，在不断提升公益性推广的基础上，加强了市场化科技成果转化①。

（1）科教机构自建体系直接推广成果。比如，西北农林科技大学通过建立45个农村科技示范基地、37个农业科技专家大院和14个杨凌农业科技示范园，组织300多名学校专兼职科技推广人员常驻农业生产一线，构建了科技示范推广服务网络。

（2）通过市场化途径转移转化成果。中国农业科学院科技成果转化收入以10%的增速提升，2019年达到10.52亿元。2018年江苏省农科院成果转化收益达到1.84亿元；华南农业大学获得广东温氏集团10%的股份，每年分红近1亿元，充分说明市场转移转化成果已成为一条重要路径。

（3）组建专业化平台体系转移转化成果。中国农科院组建的全国农业科技成果转移服务中心、上海和江苏共同组建的长三角农业科技成果交易服务平台，集展示、推广、交易和科技金融及知识产权服务等功能于一体，为成果交易提供一站式服务。

（4）政企研联办新型研发机构转移转化成果。江苏省农科院先后与企业联办了蜻蜓农服产业研究院等13个新型研发转化平台，以企业需求确定研发任务，打造“即研即推、边创边推”的新型研发转化平台，最大限度地加速了科技成果转化应用。

3. 企业开展经营性技术推广并兼顾公益性推广

2012年《中华人民共和国农业技术推广法》进行了修订，主要内容是将科研院所、高等院校、专业合作社、涉农企业等确定为农技推广体系的重要组成部分，涉农企业是经营性农业技术推广主体的重要载体。例如，中化集团下属的中化农业以现代农业技术服务平台（MAP）战略为核心，打造线下线上相结合的现代农业服务平台。线下布局主要农产品核心优势产区，打造MAP技术服务中心和示范农场。金正大集团主要从事复合肥、缓控释肥等新型肥料的研发、生产、推广，为实现种植业解决方案提供商的战略转型，开展了大规模以技术培训为主要内容的农化服务，从单纯的肥料到植物营养、

① 易中懿．加快农业科技成果转化应用的对策建议．农民日报，2019年11月11日。

植物保护、作物栽培管理、种植安全乃至农业金融、农产品加工销售等一揽子技术培训，满足农民、经销商的综合需求。山东思远农业开发有限公司面向设施农业和露地经济作物构建全程标准化农技服务模式，构建了“7F 精细化管理”技术标准，开展农技推广服务工作。

（五）农业科技成果转化存在的问题

当前，我国农业发展正从“数量保障型”向“质量推动型”转型，从“增产”向“提质”导向转变，对科技创新提出了新要求。科技成果转化和技术推广是科技成果落地的关键环节，迫切需要创新机制，着力解决农业技术供给“缺”“慢”“散”等问题。

1. 缺乏引领转型的重大成果

新时期随着农业转型升级，农业科技有效供给匮乏问题凸显。从公益性技术推广角度看，缺少高质量技术，增产技术多，提质技术少。缺绿色技术，资源消耗技术多，节本增效技术少，注重生产功能技术多，强化生态环保技术少。缺适应全程机械化的成果，常规品种多，适应机械化作业的品种少，适应产中机械化的成果多，适应产前产后机械化的成果少。从经营性成果转化角度看，知识产权数量多，高质量核心专利和高附加值差异化植物新品种权少①，大路品种多，名优特色品种少，提供热量产品多，营养健康产品少，无厂家、无名气、无品牌的“三无”产品多，知名农产品品牌少。

2. 科技成果转化应用慢

无论是公益性技术推广还是经营性成果转化，农民和企业都需要组装集成配套好的、能够直接使用的技术和成果。但现在好品种、好技术、好装备散落在多个单位，组装集成不够，无法直接使用。熟化不足，就绪度不够，中试环节缺乏资金来源。简化不到位，技术规程复杂、操作烦琐，农民不愿意用。应用成本高，人工投入大，企业用不起。信息不对称，科技成果的需求方和供给方无法快速对接，缺乏第三方服务机构。传播技术和手段不够新颖、快捷。

3. 农业科技成果转化推广主体力量分散

我国农业科技成果转化推广力量众多，包括国家农业科技推广体系、农业科教机构、农业产业化龙头企业、经营性服务组织等，但缺乏顶层设计，各自为政，高效协同少，差异化资源优势没有得到有效发挥。推广重点散，围绕已有成果推的多，聚焦农业主导产业系统部署转化少；推广单项技术多、一体化综合技术解决方案少。组织方式散，各类主体推广力量积极投入，但没有形成知识扩散梯队和最佳路径。依托载体散，各类基地建了一大批，但缺乏相互联系和互动。

---

① 我国 60 所主要农业科教机构专利数据。

4. 农业科技成果转化商业化程度偏低

根据《全国技术市场统计年报》2010—2019年数据，农业领域技术交易件数占比平均为4.05%，交易金额占比平均为2.95%，明显低于2017年农业占GDP比重7.9%①。农业领域单项技术交易平均金额在220万元左右，自2010年起没有增长；而全国其他领域的交易平均金额在310万元左右，2019年比2010年增加了2.76倍。2016年后，全国技术交易增长率明显持续增加，而农业领域增长率快速提高后又大幅下滑。

5. 农业科技成果转化推广政策体系不完整

由于农业科技成果的特殊性，不同类型的科技成果转化推广工作常被混为一谈，但各自需要的政策思路和政策举措区别很大。从公益性推广的角度看，缺乏明确的政策、法律规定，新修订的《中华人民共和国农业技术推广法》强调我国多元化农技推广主体的发展，但多元主体间如何协同发挥作用没有具体的可操作性意见和措施。各推广主体融合度不高，信息交流不密切。从经营性转化的角度看，国家成果转化政策极为利好，但是在农业领域缺乏快速实施见效的必要条件，如农业知识产权保护不成体系、金融资金支持缺乏、第三方机构不足等。对于"跨界"转化推广，即农技推广人员推广经营性农业科技成果和农业企业为了更好地销售而从事公益性技术推广等客观存在的情形，则存在政策依据不足、激励机制不完善等现象。

6. 知识产权创新支撑作用未得到有效发挥

传统的政府主导的农业科技成果转化推广体系属于科技资源外生性体系，即政府用行政手段包揽或直接介入科技资源配置，农户等市场主体游离于科技活动之外。该体系支撑了小农经济的稳定但也引发了技术市场失灵。近年来，农业新型经营主体的规模和数量大量增加为科技创新内生发展奠定了基础。从外生向内生体系转变的关键是技术要素参与收益分配和市场化配置，其中最重要的是知识产权保护体系的建立和运用，包括赋予科研人员科技成果所有权等一系列涉及产权的改革。农业领域目前仅建立了完整的植物新品种权管理机构和体系，而应用范围更广的知识产权，如专利的创造保护运用则没有形成体系，与行业主流工作分离，与行业市场准入机制不挂钩，造成知识产权质量较低，保护运用关注引导不够，促进创新和成果转化的作用不明显。

7. 农业科技成果转化市场投入机制尚未建立

政府层面农业科技成果转化的资金投入机制曾经存在，但现已取消或合并。例如2014年印发的《中央财政农业科技成果转化与技术推广服务补助资金管理办法》，目前已转型为重大引领性技术推广专项，资金量也缩减为千万元。截至2018年7月，国家

① 《中国农业产业发展报告2019》

科技成果转化引导基金[①]已设立14只子基金，总规模达到247亿元，已投资科技成果转化项目161个，投资额近百亿元，但不涉及农业领域。我国农业企业创新投入总量严重不足，在农业研发投入中占比约30%，远低于75%的全国平均水平，也与美国、日本、欧盟等国农业企业投入差距很大。农业科企融合发展机制仍未有效建立。

8. 缺乏从事科技成果转化的专业人才队伍

对于公益性推广，目前农技推广体系有51万农技人员，但这51万人，对于国家财政来说，是非常庞大的队伍（国家公务员共719万人）。但对于2.3亿农民来说，仍是杯水车薪。对于经营性转化，目前严重缺乏从事科技成果转化的专业人才队伍，缺乏专业的第三方机构。各农业科研院校中，设立科技成果转化部门和知识产权专门管理部门的较少，大部分科教机构的成果转化与知识产权工作是与科研管理、地方服务、技术推广等合署办公，一个单位仅1个人或“半个人”管理的现象比比皆是。类似大部分国外著名大学或公立科研机构设立知识产权管理与技术转移办公室，例如斯坦福大学、麻省理工学院、美国国立卫生研究院、牛津大学、东京大学等，并配备专业人员（具有一定法律、经济背景的专业人士至少10~20人）的情况几乎没有。

（六）促进农业科技成果转化的建议

1. 以用带研加强农业科技成果的有效供给

小农户和农业新型经营主体所需要的科技成果有很大差异。在稳定支持基础性研究的基础上，以用带研，以产业链布局创新链，围绕市场需求开展应用型农业科技成果的研发和供给。公益性农业科技成果，注重投入少、轻简化、简单易行。经营性农业科技成果，注重独特性、垄断性，提高知识产权质量，注重知识产权保护。

2. 坚持农业科技成果转化政策差异化

针对当前农业科技成果及转化“缺”“慢”“散”等突出问题，结合科技成果转化现实需求及农业科技成果特殊性，亟须推动农业科技成果转化政策的差异化，尽快形成完善的差异化政策及制度体系。农业的基础性、特殊性地位决定我国农业科技成果转化必须满足公益性需求，但仅依靠公益性成果转化难以确保农业长期持续稳定发展。必须在强化农业科技成果公益性转化基础的同时，依靠市场力量，创新市场机制，着力推动农业科技成果经营性转化。建议在贯彻落实国家科技成果转化法律法规及政策措施时，根据农业科技成果转化属性，明确公益性、经营性成果转化政策需求，强化基础，精准定位，分类施策，坚定农业科技成果转化的差异化政策和制度保障，充分发挥引领转型重大成果突破、科技成果转化速度加快、转化推广主体力量聚合的“催化剂”作用。

---

① 2018年7月国家科技成果转化投资峰会。

3. 加速推进农业科技成果转化商业化进程

一是加快培育现代农业科技型企业，将农业企业纳入创新体系，通过税收、加计扣除、后补贴等手段，使企业直接参与科技成果的产出、供给和推广，推动内生性农业科技创新。加强产学研融合机制，激励科教机构与企业开展合作，将更多的科技成果通过经营性转化渠道转化，推动企业成为技术创新的主体。

二是完善科研成果转化激励与利益分配机制。探索以事前产权激励为核心的职务科技成果权属改革，赋予科研人员一定比例的职务科技成果所有权，将事后科技成果转化收益奖励，前置为事前国有知识产权所有权奖励。推动事业单位管理人员、科研人员以“技术股+现金股”组合形式持有股权，健全科技成果转化利益捆绑机制。

三是缩小科研事业单位与企业科研人员之间的待遇和社会地位差别，打通科研事业单位人员与企业科研人员流通渠道；将企业纳入科教人员挂职锻炼、科技特派员、援疆援藏派驻等的目标范围。

4. 夯实农业科技成果公益性转化基础

一是完善农业科技成果公益性转化制度。在明晰农业科技成果公益性、经营性转化的基础上，建立健全长期稳定的农业科技成果公益性转化法律法规及政策支持体系，坚持政府主导，鼓励社会参与，创新激励机制，加大投入力度，推进农业技术推广的法制化与制度化。依靠公共财政投入撬动社会资本，创新社会化服务体系，引导市场力量积极参与支持农业科技成果的公益性转化。

二是健全农业技术推广体系。优化现有多层级农业技术推广体系，明确各级任务，协调部门权责，强化主体责任，完善政策手段，进一步加强基层农业技术推广体系建设；通过人才引进、教育培训等多方式、多渠道强化基层机构及队伍的农业技术推广能力。

三是探索农业科技成果公益性转化新模式。加大农业科技成果转化新产业、新业态、新模式创新力度，扩大特聘计划，加强对特聘人员的选拔和聘用。依托现有农业技术推广体系，组织专家和农技人员集中开展培训，利用电视、广播、报刊、网络等媒体进行广泛宣传，保障农业科技成果能够快速有效转化为现实生产力，实现进村、入户、到场、到田。

5. 发挥知识产权创造保护运用保障作用

一是完善知识产权创造保护运用全过程管理机制。推动知识产权管理和现有科技及成果转化管理紧密结合，从源头筛选、保障成果及时获得法律保护。健全农业知识产权运营机制，强化世界前沿成果、重要核心成果产权创造保护运用。

二是实行农业知识产权民事、刑事、行政案件审判“三合一”，实现审判力量集中、审判标准统一；健全技术调查官制度，严格知识产权案件审判，提高审判质量和效率，增强农业领域知识产权侵权惩处力度。

三是强化农业领域知识产权保护与市场准入机制协同融合，提高知识产权保护意识。四是参考欧盟科研总司和美国农业部在科研机构设立知识产权管理机构的经验做法，建议农业农村部在科研机构设立农业农村部知识产权管理中心，着力提升农业知识产权创造质量，全面开展政策研究、企事业单位知识产权技能培训和知识产权管理贯标等。

6. 强化农业科技成果转化人才队伍建设

统筹政府与市场力量，创新农业科技成果转化的激励机制与利益分配机制，依托市场化手段强化人才队伍建设。推动科研院所、高等院校等单位采取年薪制、协议工资制、项目工资等灵活多样的分配形式，引进紧缺或高层次农业科技成果转化人才。依托高等院校、骨干企业等力量，强化农业科技成果转移转化人才基地建设，培养懂技术、懂市场、具备法律法规和商务谈判技能的技术转移职业团队，着力提升农业科技成果转移转化的职业化水平。完善科研考评制度与评价体系，破除科技评价中“唯论文”的不良导向，提升农业科技成果转化在科研评价中的作用，强化农业科研队伍参与科技成果转化的意识和积极性。

（执笔人：张熠 李雪 杨坤 刘晓娜 石自忠）

四、生态银行在农业科技成果转化中作用案例报告

“生态银行”试点工作是福建南平市深入学习贯彻习近平生态文明思想，践行“绿水青山就是金山银山”理念的实践探索。2018 年试点开展以来，按照“全域整合、多元增值、链接信用、价值变现”的市场化运作模式，在操作流程、开发机制等方面不断明晰，形成了一批能落地可复制的创新经验，加快推动资源变资产变资本，逐步走出一条将“绿水青山”变为“金山银山”的南平路径，特别是通过搭建连接平台、创新运行机制、强化金融支撑，为农业技术推广、科技成果转化发挥了重要作用。

（一）总体理念及模式设计

1. 设计理念

“生态银行”借鉴了商业银行“分散化输入、集中式输出”的模式，是对南平市辖区范围内的生态资源所有者权益进行资本化运作的运营平台。“生态银行”的运营对象包括森林、土地、水、矿、农业等生态资源，能够开发利用的文物、古民居、遗迹等文化资源及非物质文化等。它是绿色产业和分散零碎的生态资源资产之间的资源、信息、

信用三重中介平台，在将生态资源集中整合后，与绿色产业实现顺畅对接。

2. 操作模式

通过政府和企业合作设立操作主体，其中，南平市生态资源保护开发有限公司负责为项目开发提供策划包装、招商推介、投融资策划等咨询服务，并通过设立产业基金等逐步发展投融资业务和产业运营能力；县（市、区）成立生态资源资产管理和项目开发公司，结合发展现代农业、乡村旅游、健康养生、文化创意等绿色产业，负责资源相关权益流转储备、市场化运营和开发。将山、水、农、林、湖、矿、茶等分散化的生态资源的资格权和使用权集中化流转到市县"生态银行"运营公司，对分散化资源进行规模化收储、整合，引入市场化资金和专业运营商，由专业运营商负责专项集合资源的整体运营，从而形成规模化、专业化、产业化运营机制。

3. 操作流程

形成"摸底确权→流转储备→整理提升→金融运作→开发运营→实施监管"的操作流程。在建立全市山、水、林、田、湖、矿、茶、湿地和集体用地等资源目录清单，形成数据库的基础上，高水平策划梳理一批与优势生态资源密切相关的项目，并针对策划项目涵盖的生态资源进行价值评估。通过租赁、托管、股权合作、特许经营，产业基金投资或资源重组并入，作价出资等方式进行资源流转、治理提升，形成集中连片优质的资源资产包。通过股权合作、委托经营等方式，引入优质运营管理企业，导入资产并撬动资金流入，进行开发运营，同步做好开发过程中的生态资源资产保护工作。

（二）"生态银行"试点进展情况

1. 搭建市场化运作平台

按照市场化运作原则，分级建立围绕资源管理、资源整合、资源转换、资源提升、资源市场化和可持续运营的平台。在市级层面，成立"南平市生态资源保护开发有限公司"，注册资本1亿元，侧重于提供对外招商、资源引入、技术支持等服务。在县级层面，根据当地试点范围、产业特点等实际情况，搭建业务功能、商业模式不一的运营平台，侧重于自然资源流转储备、基础整理、开发经营，其中，县一级如顺昌县绿昌公司负责林业资源开发，光泽县水投公司负责地表水开发；镇一级如武夷山市五夫镇朱子文化公司负责全镇的生态资源开发，延平区巨口乡巨福公司负责全乡的古厝开发；村一级如光泽县山头村民合作社负责耕地流转，政和县念山旅游投资公司负责整村资源开发。

2. 实施资源规模化整合

根据资源所有者意愿，"生态银行"平台公司采取租赁、入股、托管、赎买等多种方式流转，对山、水、农、林、湖、茶、文化、古民居等生态资源进行整合，实施规模化经营。例如，顺昌县绿昌公司收储林地面积近6万亩；延平区巨口乡巨福公司盘活古厝600多座；武夷山市五夫镇流转古民居75栋，农田2 100亩，林地3 800亩；建阳区生态资源公司和光泽县国投公司通过公开拍卖的方式，分别取得2宗建盏矿土和2宗水资源（地表水、矿泉水等）探矿权，浦城县山桥村集中流转耕地资源超过2 000亩。

3. 推动资源多元增值

“生态银行”平台公司采取多种手段，对流转归集后的资源进行整合提升，提升开发价值和效益。顺昌对林业实施“FSC森林可持续认证”，24.8万亩林地、1.5万亩毛竹纳入认证范围，为规模加工企业产品出口欧美市场提供支持。建阳区在深入研究铁、硅、铝等元素的化学反应与建盏成色、品相之间关系的基础上，加快建立标准化的矿土标号，准确测定标号内所包含的各种矿土成分及比例，实现建盏标准化生产目标。延平区运用1.05亿元财政补助资金，对巨口乡古厝进行修复完善后，引导村民开发220余间民宿，实现古厝资源有效整合利用。

4. 提供资源开发信用背书

“生态银行”平台公司以持有资源作为“信用池”，与金融机构实现利益共享、风险共担，解决资本进入的后顾之忧，有效解决农村地区资本导入难的问题。比如，顺昌“森林生态”银行以林业等资源开发预期为抵押，实施国家储备林质量精准提升PPP项目，获得国开行等政策性银行的金融贷款9.12亿元；成功策划并交易全省首笔林业碳汇15.55万吨及全国首笔竹林碳汇11.94万吨，创新设计单株碳汇方法学，搭建“一元碳汇”交易平台。南平市构建市、县两级产业基金体系，并引入省旅游产业基金、国开行等金融机构参与投资；推动武夷山旅游、水产业、林业等优势资源上市，实现资源资产证券化。

5. 实现资源价值变现

通过产业和项目导入，“生态银行”高效推动生态价值转化为经济价值。如，顺昌县“生态银行”围绕解决林业产业结构单一问题，多层次丰富“林业+”产业布局，2019年林业总产值45.72亿元，完成林业固定资产投资9 320万元。光泽县“生态银行”与中石油合作发展包装水产业，依托中石油销售渠道和武夷山品牌，2019年矿泉水销量超过1 000万箱。延平区巨口乡“生态银行”借力古厝开发，打造乡村艺术节活动，2019年旅游接待人数超过6万人。

（三）“生态银行”在基层科技成果转化中的作用

1. 搭建基层科技成果转化的连接平台

“生态银行”在功能定位上着力于生态资源的多元化增值，其中科技智力的支撑尤为关键。通过广泛连接智力发展要素，与科研院所、单位构建起紧密的合作，促进科技的运用，为农业发展赋能。例如，顺昌县“森林生态银行”运营公司与南京林业大学等科研单位开展科研合作，杉木高世代种苗培育处于世界领先水平，领先其他省份和地区1~2代，有力夯实了“森林生态银行”的运营基础；建阳区“建盏生态银行”通过与清华大学合作，深入研究矿土元素之间的物理、化学反应与建盏成色、品相之间关系，加快实现建盏标准化生产目标；浦城县“生态银行”运营平台与上海交通大学等高等科研院所合作，延伸灵芝加工产业链条，生产灵芝精粉、灵芝孢子粉、灵芝饮片、灵芝茶、灵芝酒等产品，经过福建省产品质量检验研究所检测，各项指标均远超出口海外市场的要求。

2. 创新基层科技成果转化的运行机制

（1）以规模化经营提升科技转化效益。改革开放之初的家庭联产承包责任制和21世纪以来的林权改革，通过“分田到户”“均山到户”适应了当时的生产力发展的需要，有力促进了经济社会的发展。但现今，农村人口大量流出，土地撂荒、林地失管等大量出现，伴随着农业科技飞速发展，传统生产技术下的小规模经营已经无法适应新时代要求。生产资料亟须在规模化整合的基础上，运用新科技，提升运营效益。立足于资源的规模化整合是“生态银行”设立的基本目标。在规模化整合的基础上，不仅能够提升转化效益，而且能够在大范围内快速实现技术推广。例如，顺昌生态银行公司立足林农从业意愿，一年多时间里共整合碎片化林业资源近6万亩，在规模基础上，依托运营公司的科学技术，创造改主伐为择伐、探索改单层林为复层异龄林的混交“四改”措施，开展集约人工林栽培或现有“林改培”，优先选用闽楠、南方红豆杉等乡土珍稀树种，培育针阔混交林20.2万亩，顺昌林业发展面貌焕然一新。顺昌“森林生态银行”规模化经营的出材量比林农分散经营高出25%。杉木林亩均蓄积量达16~19立方米，是全国平均水平的3倍，在规模化基础上有力提升了科技转化效益。

（2）以合作经营模式加快推广科学技术。当前我国基层科技推广体系尚不健全，推广主体主要为政府部门，缺乏市场化机构支撑，推广力度有限，实践意义不突出。“生态银行”通过政府主导、市场化运作，在政府掌控总体方向的基础上，通过构建合作经营模式，发挥产业运营商的专业技术支撑，在利益共享的机制下，在基层有效推广了科学技术。例如，浦城县“生态银行”运营公司充分发挥福建省科技专家服务团队优势，为十里莲塘项目开展果蔬花卉新品种选育、高新农业技术推广应用工作，建成智能温控大棚9栋100余亩，按照“经营管理与运输销售合理分工、产值实行二八分成”的原则，引进8家加盟商入驻，形成融合现代农业高新技术展示、果蔬采摘体验和高端花卉欣赏的现代农业体验园，大大加快了基层科技的推广。

3. 强化基层科技成果转化的金融支撑

（1）创新生态资源权益抵押担保。“生态银行”的运营重点在于生态资源所有者权益。当前国家正在大力推进农村金融抵押担保服务，我市创新性推进土地经营权、预期收益权、林权等担保抵押贷款，盘活生态资源所有者权益。如，林业发展始终存在“资产重、流动差，出险处置难、资本不敢进”的问题，为破解这一难题，“森林生态银行”成立林业担保公司，构建三方合作平台，实现三方共赢：公司为林农担保，林农获得银行低利率贷款，进行农业上产经营；出险后，公司为林农提前还款，降低银行风险；公司从林农手中获取林权并通过林业高效经营，获得收益。目前按照与商业银行8∶2承担风险，已经实现基准利率放款，截至2019年底，共为林企、林农提供担保252笔，抵押面积近9万亩、放贷2.1亿元。

（2）激活资源预期收益。依托于成熟的林业开发模式与深厚的林业产业基础，南平市创造性地以林业资产预期开发收益为抵押，策划实施全国储备林质量精准提升PPP项目，建设规模469万亩，获得国家开发银行170亿元授信，总投资215亿元。该项资金可以用于人工集约栽培、现有林改培以及发展林下经济等，能够有效改善林分结构、优化森林生态系统、增强发展能力。

（3）发挥政策性资金支持作用。林业在保持水土、调蓄洪水、防尘固碳等方面有着重要的生态价值，但其价值却长期未能体现到林业管护中。“生态银行”充分发挥国家在碳汇市场上的政策支持，成功策划并交易全省第一笔林业碳汇项目首期15.55万吨碳汇量成交金额288.3万元，自主策划、设计、计量、监测和实施全省第一个竹林经碳汇项目3.4万亩，成交金额124.2万元。在此基础上，还加快探索出了“社会化生态补偿”模式，突破扶贫单株碳汇方法学。目前方法已获福建省发改委批复，并搭建起了“一元碳汇”交易平台，建立了市场化销售渠道。

（4）鼓励发展多种直接融资方式。充分发挥绿色基金、上市等直接融资方式，拓宽资金来源，支持基层科技发展。通过组建南平振兴乡村基金，基金规模6亿元，首期到位资金6 000万元，并引入福建省旅游产业基金、国开行等政策性银行资金支持。基金主要投向现代农业、农业产业化等重点方向。鼓励绿色农业经营企业进入证券市场上市融资，发挥证券市场的直接融资功能，优化融资结构。如支持顺昌“森林生态银行”公司上市，目前已有委托券商、律师、会计师事务所等中介机构，于去年10月进场开展尽职调查，正在加快推进顺昌县国有林场经营性资产的清产核资工作。

4. 有力培育了基层科技人才

“生态银行”聚焦生态资源的摸底调查、流转储备、开发运营，在实施过程中需要深入开展资源开发路径分析、产品行业分析、质量溯源等多项工作内容，并涉及林业、农业、水资源、矿产等多个领域，为基层科技人才培育提供了良好的产业发展环境。“生态银行”在深入推进中与科技特派员制度紧密结合，在顺昌林业、武夷山五夫镇文旅等试点项目中派驻了一大批科技特派员。如延平区巨口乡在古厝资源开发中，培育出了一大批民宿设计与装修、乡村艺术作品创作的人才，在建设推广平台（古厝掌柜）中发展了一批数字信息科技人才。同时，在“生态银行”信息管理平台建设中，由市一级搭建统一运营平台，并在各县（市、区）及乡镇进行推广应用，有力提升了基层的数字信息的推广及相关人才的培育。

（四）有关政策支持

国家科技部长期以来一直支持和关心南平发展，帮助总结提炼南平市科技特派员经验成果，并在全国大力推广科技特派员制度。

“生态银行”是南平市深入贯彻习近平生态文明思想、践行“两山”理念的重要举措，构建了与农业科技成果转化的融通机制，探索了绿色农业科技成果转化的金融支持方式。为支持帮助“生态银行”模式推广应用，提出以下政策建议。

（1）大力培育山、水、林、田、湖、草等资源保护、修复、开发的新型经营主体，在农业、林业、水产等领域广泛应用科技成果，打造一批富有社会责任感、实力强、效益明显的企业集团。

（2）搭建新型运营主体与科研机构的长效对接机制，联合攻克一批关键技术，研究推出一批科技创新产品，不断提升生态资源保护效益、开发价值。

（3）建设资源循环利用基地和资源综合开发基地，鼓励在资源规模化经营模式、资源整合提升、资源资产金融运作等方面探索创新，积极开展示范推广。

（执笔人：福建南平市政府）

五、农业企业研发费用加计扣除政策情况调研报告

企业研发费用加计扣除是国家为鼓励企业创新研发减免税收的一项优惠政策。为了解从事研发创新活动的涉农企业利用该政策的基本情况，补短板工作专项工作组对山东、新疆以及国家农业科技园区的涉农企业研发费用税收加计扣除情况进行了抽样调研，现将有关情况汇报如下。

（一）有关背景

1. 国外做法与经验

对企业研发活动实施税收激励（研发费用税前加计扣除政策和税后抵免政策）已成为各国政府的共识。20 世纪 60 年代以来，印度、日本、美国、法国、加拿大等国就开始采用税收优惠政策激励企业进行研发活动，1986 年，OECD 成员国中只有 7 个国家对企业研发活动提供了加计扣除的税收优惠政策，2011 年，增加到 26 个成员国，目前，很多国家（无论是否是 OECD 成员国）都采用了不同程度的研发费用加计扣除政策。国外在鼓励研发税收加计扣除方面也各有特点，有的国家针对不同规模、不同产出

效应规定了不同加计扣除比例，更具有针对性，还有部分国家将加计扣除政策与公司吸引研发人员数量挂钩，研发人员数量越多，加计扣除比例越高。

2. 我国相关政策演变情况

我国自 1996 年开始实行研发费用加计扣除政策，经过 20 多年发展演变，现行的研发费用加计扣除政策体系主要由科技部、财政部、税务总局联合建立。2015 年 11 月，经国务院批准，财政部、国家税务总局和科技部联合下发《关于完善研究开发费用税前加计扣除政策的通知》（财税〔2015〕119 号），规定了加计扣除比例为 50%，放宽了享受优惠的企业研发活动及研发费用的范围，大幅减少了研发费用加计扣除口径与高新技术企业认定研发费用归集口径的差异，并首次明确了负面清单制度。2017 年 5 月，为进一步鼓励科技型中小企业加大研发费用投入，财政部、国家税务总局、科技部联合印发了《关于提高科技型中小企业研究开发费用税前加计扣除比例的通知》（财税〔2017〕34 号），将科技型中小企业享受研发费用加计扣除比例由 50%提高到 75%。2017 年 11 月，国家税务总局下发了《国家税务总局关于研发费用税前加计扣除归集范围有关问题的公告》，聚焦研发费用归集范围，完善和明确了部分研发费用掌握口径。为进一步激励企业加大研发投入，支持科技创新，2018 年 9 月，财政部、国家税务总局和科技部发布了《关于提高研究开发费用税前加计扣除比例的通知》（财税〔2018〕99 号），将加计扣除比例提高到 75%的政策覆盖面扩大到所有企业，形成普惠性政策。

（二）政策落实问题及原因分析

为了解涉农企业加计扣除政策利用情况，我们对山东、新疆以及部分农业科技园区的企业享受政策数据进行了抽样调查。

1. 政策落实情况及存在问题

调研数据显示，涉农企业享受加计扣除的数量和额度有逐年增加的趋势。山东省 2016—2018 这三年涉农企业加计扣除享受政策的涉农企业数量分别为 316 家、711 家和 899 家，2017 年增幅 125%，2018 年增幅为 26%。从扣除总额看，涉农企业研发费用加计扣除总额三年分别为 12.42 亿元、17.11 亿元、34.01 亿元。若按 25%法定税率计算，2018 年加计扣除政策共计发放减税红包 8.5 亿元，企业户均减税 94.46 万元。总体来看，2016—2018 年山东省享受加计扣除政策的涉农企业数量越来越多，涉农企业研发费用加计扣除总额也在逐年增加。

但抽样的数据也显示，涉农企业享受加计扣除政策的比例总体较低。一是在所有享受政策的企业中，涉农企业所占比例较低。如山东省享受加计扣除政策涉农企业占比 2016—2018 年分别为 8.49%、8.94%、6.55%。从涉农企业占全省企业享受政策额度的占比看，涉农企业占加计扣除额度占比 2016—2018 年分别为 7.56%、6.67%、6.32%。

新疆2018年度享受研发费用加计扣除政策的企业共计1065户，加计扣除金额30.17亿元，其中涉农企业总数为324家，占比30.42%，加计扣除金额总额为3.23亿元，占比加计扣除总额10.72%。二是在涉农企业中享受加计扣除政策的企业比例低。从此次国家农业科技园区抽样的情况来看，对河北辛集，江苏南京、淮安、扬州，山东东营、济宁、潍坊、邹城，四川内江，重庆荣昌，新疆昌吉共11个国家农业科技园区进行了统计，11个园区总计2 770家涉农企业，享受过加计扣除的企业67家，仅占2.4%，比例极低。

此外，涉农企业不同行业细分方向享受加计扣除政策存在差异。近三年山东省享受政策的涉农企业主要集中在食品加工、化学原料和化学制品制造业以及食品制造与专用设备制造业。食品加工业企业2018年占到全部涉农企业数量的26.9%，化学原料和化学制品制造业占到25.12%。加计扣除重点惠及农副食品加工业及化学原料和化学制品制造业的涉农企业。

2. 原因分析

涉农企业在享受加计扣除方面的抽样调研数据，说明了涉农企业在享受政策方面比例、金额都还较低，且涉农企业从事的细分产业对结果有直接影响，原因主要有以下几点。

一是税前加计扣除归集口径繁多，涉农企业研发活动认定难。一方面，目前我国对于研发活动的具体认定政策总体趋势在不断放宽，出台文件繁多，针对普通企业研发活动、科技型中小企业、高新技术企业的加计扣除政策各不相同，归集有差异。另一方面，文件内容对研发活动和新技术、新产品、新工艺的界定较为抽象，相关条款内容不够具体明确，认定标准模糊缺乏针对性，研发费用归集难，如土地租赁流转、种苗购置等涉农前期研发过程中特有支出没有包括进去，造成企业认识有差异，而为保险起见，各地税务部门在执行的时候也普遍选择将标准进一步收紧。

二是现行加计扣除政策优惠力度对涉农企业缺乏吸引力。与工业类企业相比较，涉农企业普遍规模较小，经营收入和研发投入数额也相对较小，在加计扣除政策优惠力度过小的情况下，研发费用加计扣除带来的收益甚至低于办理加计扣除所承担的纳税成本。同时，涉农企业的研发投入在税前加计扣除认定过程中被打了折扣，“一刀切”的做法影响了政策的实施效果。

三是很多涉农企业不能享受加计扣除政策。涉农企业开展的业务仍大多集中在一产，本身已经享受免税政策以及涉农的各项优惠政策，对研发活动投入积极性不高，研发投入吸引力弱，这部分企业占据了涉农企业的很大比例。

四是研发费用加计扣除对涉农企业的政策弹性不足。研发费用加计扣除政策的目的是减轻企业在研发过程中的成本压力，激发企业科技创新的积极性。我国涉农企业长期存在的规模小与创新能力不足的问题，需要精准定位、分类施策。而面对农业本身具有的产业门类多、企业类型多的复杂性，研发费用加计扣除政策弹性的缺乏导致在一些重点领域未能产生乘数效应，在一般领域也效果不佳。

五是涉农企业加计扣除政策宣传力度还不够。研发费用加计扣除优惠政策相对于其他优惠政策较为复杂，通过访谈，部分未享受过该政策的企业，仍有部分企业表示不知道或者对该政策了解不到位。

（三）政策建议

为了使税收投入加计扣除这项政策鼓励更具有实效性，营造浓郁创新氛围，鼓励更多涉农企业投入研发活动，培育更多涉农企业创新主体，应加大对该政策的宣贯介绍，同时注重政策的个性化和针对性，提高可操作性。

一是扩大企业加计扣除研发费用归集范围。加计扣除目前有会计核算、高新技术企业认定和研发费用加计扣除三条归集口径，与会计核算、高新技术企业认定的研发费用归集相比，研发费用加计扣除政策的口径最小，因此应适当扩大可加计扣除的研发费用范围，如将涉农研发特有科目如土地流转租赁、种苗购置等研发物资购置等计算在内，为涉农企业研发加计扣除的归集与核算带来便利。

二是提高涉农企业研发费用税前加计扣除比例。制定差异化的加计扣除税收优惠，取消“一刀切”的政策做法，针对不同规模的企业、不同类型的研发活动制定差异化的税收优惠政策，适当提高涉农企业的研发税前加计扣除比例。加计扣除比例上还可与人才吸引、研发规模、产出效果相挂钩，使得财税优惠对中小规模企业、核心研发活动、研发人才吸引的优惠力度有所倾斜，形成多层次、有针对性的政策体系，争取实现更好的政策效果。

三是采取前置支持或后补助等方式对不能享受加计扣除的农业企业给予补助。对主要从事一产而不能享受加计扣除的涉农企业，为鼓励其创新活动，参考借鉴地方经验，按其当年享受研发费用加计扣除费用总额的 10%给予补助。如山东省发布《山东省企业研究开发财政补助实施办法》，规定年销售收入 2 亿元以上企业，按其较上年度新增享受研发费用加计扣除费用部分的 10%给予补助；年销售收入 2 亿元（含）以下企业，按其当年享受研发费用加计扣除费用总额的 10%给予补助。

四是制定分类施策标准增强加计扣除的政策弹性。根据不同行业涉农企业享受研发费用加计扣除政策的情况对涉农企业进行分类，并根据农业产业的发展需要适当调整政策适用标准。重点对种业研发、生物技术等产业在统计范围和比例上进行调整，同时放宽对农产品初加工企业在人才引进、新技术新设备购买方面的费用统计标准，出台“涉农企业研发费用税前加计扣除政策实施细则”，制定企业分类标准和研发能力评价体系，使更多企业能够享受到政策红利。

五是加强涉农企业加计扣除政策宣讲培训。通过多种手段对涉农企业研发费用加计扣除优惠政策进行宣传，积极地引导涉农企业申请研发费用加计扣除，帮助更多的农业生产者以及企业真正享受到企业税收优惠政策带来的好处。建立政策咨询服务体系，加大人才培训力度，定期举办讲座，为企业讲解政策的关键点以及实务操作等内容，帮助企业更好地掌握这项政策。

（执笔人：王敬华 孙康泰 李文辉 黄文金 冯雪娟 徐志洋）

科技人才篇

一、我国农业高层次人才政策改革调研报告

致天下之治者在人才。党的十九大报告提出，人才是实现民族振兴、赢得国际竞争主动的战略资源。从科教兴国到人才强国、再到创新驱动发展战略，党中央一直高度重视科技创新和科技人才发展工作，不断强化顶层设计和系统部署，推动科技人才发展环境逐步优化。农业科研人才是推进我国农业高质量发展，实施乡村振兴战略和人才强国战略，确保脱贫攻坚战圆满收官，确保农村同步全面建成小康社会的关键因素之一。当前，世界新一轮农业农村科技革命孕育兴起，物质结构、生命起源等重大科学问题原创性突破正在开辟学科新方向，信息技术、生物技术、制造技术、新材料技术、新能源技术等在农业农村各领域的广泛渗透，全球农业农村科技与人才竞争愈加激烈。同时，我国农业农村发展已进入“结构升级、方式转变、动力转换”的紧要“关口”，农业农村科技创新发展的需求更加迫切，对农业科技人才的队伍规模、结构布局及创新能力等均提出了更高要求，要培养一批具有国际视野和领导力的战略科学家、学术领军人才和优秀创新团队，支撑和引领未来农业农村创新发展。

（一）农业高层次科技人才发展现状

1. 中国科学院院士

2011—2019 年增选的中国科学院院士中从事农业农村领域工作的人数如表 4-1 所示。可以看到年增选人数均未超过 2 人，年均增选人数仅为 1 人，年均人数占全部增选人数的 1.72%，占生命科学和医学学部增选人数的 9.43%。

表 4-1　2011—2019 年增选中国科学院院士中从事农业农村领域工作的人数统计

年份	增选人数			农业相关领域院士占比	
	全部	生命科学和医学学部	农业相关领域	全部	生命科学和医学学部
2019	64	10	1	1.56%	10%
2017	61	13	2	3.28%	15.38%
2015	61	12	0	0%	0%
2013	53	9	1	1.89%	11.11%
2011	51	9	1	1.86%	11.11%

2. 中国工程院院士

截至 2019 年，中国工程院院士共 916 人，其中农业学部 83 人，占 9.06%，人数在

9 个学部中排第八位。信息与电子工程学部（131 人）、机械与运载工程学部（129 人）、能源与矿业工程学部（125 人）的人数分别位列前三，占比分别为 14.30%、14.08%、13.65%。

表 4-2　2011—2019 年中国工程院农业学部增选院士人数统计

年份	全部增选人数	农业学部		
		增选人数	增选人数占比	增选人数在 9 个学部的排名
2019	75	7	9.33%	7
2017	67	8	11.94%	3
2015	70	9	12.86%	并列第一
2013	51	4	7.84%	7
2011	54	6	11.11%	5

3. 国家杰出青年基金获得者

2015—2019 年，从事农业农村领域工作的国家杰出青年基金获得者情况如表 4-3 所示。可以看到虽然入选人数占比逐年增加，但占比仍未超过 5%，且增幅缓慢。

表 4-3　2015—2019 年农业农村领域的国家杰出青年基金获得者人数统计

年份	全部入选人数	农业相关领域入选人数	入选人数占比
2019	300	14	4.67%
2018	200	7	3.50%
2017	200	7	3.50%
2016	200	6	3.00%
2015	200	5	2.50%

4. 长江学者

2011—2017 年，从事农业农村领域工作的长江学者入选情况如表 4-4 所示。可以看到，无论是特聘教授、讲座教授还是青年学者，农业相关领域的入选人数均在 5% 左右。

表 4-4　2011—2017 年农业农村领域的长江学者人数统计

年份	全部入选人数			农业相关领域入选人数			入选人数占比		
	特聘	讲座	青年	特聘	讲座	青年	特聘	讲座	青年
2017	148	51	264	6	2	11	4.05%	3.92%	4.17%
2016	159	53	229	9	1	12	5.66%	1.89%	5.24%

（续表）

年份	全部入选人数			农业相关领域入选人数			入选人数占比		
	特聘	讲座	青年	特聘	讲座	青年	特聘	讲座	青年
2015	152		211	7		11	4.61%		5.21%
2014—2013	287	91		15	7		5.23%	7.69%	
2012	163	47		8	3		4.91%	6.38%	
2011	194	47		10	2		5.15%	4.26%	

5. 博士后

2014 年，全国博士后进站 14 964 人，其中，理学博士后占 22.84%，工学博士后占 39.51%，农学博士后占 4.32%，医学博士后占 10.04%。

（二）农业高层次人才发展存在的问题

随着我国农业科技整体水平大幅提高，农业科技人才队伍蓬勃发展，农业科技人才创新能力和国际影响力明显提升，农业科技人才引领创新发展的作用愈加凸显。然而，我国农业高层次人才发展仍存在一些问题。

1. 人才队伍方面

我国的农业科研人才队伍结构不合理。一是我国在农业科研方面具有较高专业知识和专业素质的高层次人才数量偏少，特别是能够达到国家竞争层面的领军人才、高端人才仍然匮乏。据统计，全国农业领域人才资源总量仅为 83 万人，其中，农业高层次创新人才占比不到全国的 1%。二是人才结构失调。年龄上，2014 年统计显示农业部系统院士平均年龄为 77 岁，而最年轻的院士都已经 63 岁；研究领域中正高级专业技术人才专业从事种植业、畜牧、渔业的约占 67%，农业新兴领域方向的占比较少；学科上，存在传统学科人才较多、新兴学科人才较少的问题。如传统农学、农艺的人才较多，而新兴的生物技术、智慧农业、现代食品、资源高效利用、循环农业、环境保护等领域的人才较少；性别上，男性比例显著高于女性，35 岁以下男女比例较为均衡。三是人才仍有断层。农业领域引进人才困难，“传帮带”作用发挥不明显，青年人才成长缓慢，特别是随着教育体制改革，农业专业教育平台呈弱化趋势，农业实践教育缺乏。此外，专业技术岗位不足，导致优秀青年人才容易积压在副高级尤其是中级专业技术岗位上，影响中青年优秀人才职业发展和做出贡献。四是人才区域和层级分布不均衡。农业科技人才相对集中在经济较发达地区，而中西部农业大省以及经济发展落后地区的人才相对缺乏。表现在部分地区农业科研人才资源的占有地位与其农业资源禀赋状况和农业对全国的贡献极不相称，农业科研人才资源质量相差悬殊，存在着严重的失衡现象。五是高水平创新团队不足。单一学科和个体科研人员难以解决现代农业产业问题，农业科技进步需要合作协同、团队攻关，不利用现有人才资源整合，很难取得突破性进展。

2. 人才政策方面

我国农业科技人才激励机制与管理制度不完善、不健全。一是激励方式搭配不完善。当前对农业科技人才的激励方式以精神激励为主，物质激励和发展激励相对较少。二是成果转化收益分配不完善。虽然各省市区大多出台了成果转化收益分配政策文件，但在实际操作中因部门间对政策理解有差异，造成政策不落实、执行不到位。三是人才奖项设立不合理，针对种植业、畜牧业、渔业、农机等产业基础领域，没有一个专门的人才奖项，缺少直接有效的激励手段，不利于调动和激发广大农业科技人才创新创业的积极性和创造力。四是项目管理不合理、考核评价过于频繁。项目管理手续烦琐，经费使用管得过“死”，同时科研人员要抽出大量的时间和精力去应付考核评价，牵扯很多精力，不利于专注业务工作。五是学术兼职政策不完善。对科研院所的学术型领导在学术社团兼职参照行政事业单位管理，不利于其发挥自身的学术影响力。六是人才引进机制不健全。农业科技领域从海外引进的领军人才和创新团队数量非常有限。人才回流的推动力不够，海外人才回国工作面临着亲属工作、子女上学、住房安排等诸多实际问题难以解决，农业行业的研究工作条件、生活待遇等对引进人才的后续支持往往不足。七是重引进轻培养。高层次人才引进往往是各科研单位的重点工作，优先于自身人才队伍建设培养，影响人才梯队形成。

（三）农业高层次人才队伍建设典型做法

1. 浙江大学基于学科综合交叉的农科人才队伍建设

浙江大学紧紧把握涉农学科发展的机遇，依托综合多样的学科生态系统，通过“强化机制、构筑平台、促进交叉、汇聚人才、优化评价”等一系列措施，在学科建设、人才队伍、科学研究、社会服务等方面取得了一系列的进展。一是纵横联动，形成强有力的体制机制保障。学校专门成立了浙江大学涉农学科发展协调工作小组，分管校领导担任小组组长，实施“一院一策”，调动院系在学科建设、队伍建设的主动性和积极性；成立了由来自校内外 17 位涉农院士组成的“浙江大学农业科技发展咨询委员会”。二是交叉融合，完善学科会聚的“农学+”创新体系。针对浙江大学“农学+”创新链缺少高水平技术研发与应用环节的短板，明确新农村发展研究院作为学校学科交叉会聚的试点，创新依托大学的农业科技创新和技术推广体系。三是引育并举，打造高水平多样化创新人才队伍。引进并培养一批善于解决中国问题、具有国际竞争力的高水平领军人才和优秀青年人才，是浙江大学涉农学科人才队伍建设的主体目标。同时，学校也注重校内人才的培养培育。四是优化考核评价，构建内涵发展的人才评价体系。通过岗位分类管理，推动差别化人才评价。推动科研团队建设，设置高水平应用型技术研发的求是特聘技术创新岗，开通从事成果转化的农业技术推广研究系列的晋升通道。五是拓展服务，探索灵活机动的“集成化”创新团队。分别在河南郑州和山东临沂布局建设浙江大学中原研究院和山东（临沂）现代农业研究院，形成“集成化”混编创新团队，突破学科师资规模瓶颈，为人才队伍规模扩展和多样化人才引进和培养提供了有力支撑。

2. 中国农业科学院人才队伍建设

近年来，中国农科院大力实施“人才强院、人才优先发展”战略，构建农业科研人才体系，主要做法包括：一是加强顶层设计，创新科研组织方式。构建了以“学科集群—学科领域—研究方向”为架构的学科布局，按研究方向组建创新团队，切实解决了“大科研、小作坊”、研究力量分散问题。二是加强队伍建设，构建人才队伍体系。先后出台修订了《农科英才特殊支持管理暂行办法》《“青年英才计划”管理办法》《支撑英才特殊支持实施方案（试行）》《转化英才特殊支持实施方案（试行）》。构建了具有中国农科院特色的“3+2”科技人才队伍培养体系。三是健全扶持保障机制，解决人才后顾之忧。专门设立人才发展专项资金，制定《人才发展专项资金管理办法》，对入选计划的各类人才提供稳定的经费支持和待遇保障，并通过制定《农科英才住房租售暂行办法》，解决人才的住房问题。四是遵循规律，优化人才考评方式。将过程评价和结果评价、短期评价和长期评价相结合，制定了基础性、培育性、应急性任务目标指标体系，建立3年中期和5年期满考核相结合的考评方式。五是会议部署推动，强化人才发展意识。连续三年召开全院人才工作会议，全面推动人才工作。

（四）政策建议

1. 以问题为导向的人才及其团队建设

针对农业产业的多样化、区域化、交叉性、综合性，推动基础研究、技术研发、交叉创新人才的一体化规划，构建合理的人才结构与梯队，推进人才团队建设，以解决本土的问题实现创造世界奇迹。

2. 扩大并强化战略人才和领军人才的支持力度

鼓励设置院士、长江学者奖励计划、国家杰出青年科学基金、国家高层次人才特殊支持计划、国家重点研发计划项目首席科学家/首席专家等战略人才和领军人才工作室，探索工作室首席专家负责制，赋予更大的人财物支配权、技术路线决策权，试点科研经费“包干制”。

3. 强化优秀青年人才培养与引进

注重优秀青年人才的发现、支持和使用，实现科研与育人的一体化发展，重视青年人才国际化，特别关注培养和引进“高精尖缺”优秀青年人才，形成一批具有国际视野的未来领导者。开通国家高层次人才特殊支持计划“青年千人”农业领域“绿色通道”。

（执笔人：陈昆松 吴迪）

二、农业科技人才评价政策研究报告

人才评价是人才发展体制机制的重要组成部分，是人才资源开发管理和使用的前提。通过科学评价农业科技人才，进而释放农业科技人才活力，激励农业科技人才深入实践、潜心研究、服务“三农”，是建设一支创新型农业科技人才队伍的重大任务，也是加快推进农业现代化的迫切需要。

（一）人才评价政策现状

党中央、国务院一直高度重视人才评价制度建设，并始终将其作为科技体制改革攻坚的关键环节。习近平总书记指出，要改革科技评价制度，正确评价科技创新成果的科学价值，技术价值，经济价值，社会价值文化价值，把人的创造性活动从不合理的经费管理，人才评价等体制中解放出来。要创新人才评价机制，建立健全以创新能力质量贡献为导向的科技人才评价体系，形成并实施有利于科技人才潜心研究和创新的评价制度，为新时期科技人才评价改革发展指明了方向。

2016 年，中共中央发布《关于深化人才发展体制机制改革的意见》（中发〔2016〕9 号），要求创新人才评价机制，突出品德、能力和业绩评价，改进人才评价考核方式，改革职称制度和职业资格制度。

2018 年，中共中央办公厅、国务院办公厅印发《关于分类推进人才评价机制改革的指导意见》（中办发〔2018〕6 号），指出：一是分类健全人才评价标准，包括实行分类评价，突出品德评价，科学设置评价标准；二是改进和创新人才评价方式，包括创新多元评价方式，科学设置人才评价周期，畅通人才评价渠道，促进人才评价和项目评审，机构评估有机衔接；三是加快推进重点领域人才评价改革，包括改革科技人才评价制度，创新技术技能人才评价制度，完善面向企业，基层一线和青年人才的评价机制等；四是健全完善人才评价管理服务制度，包括保障和落实用人单位自主权，健全市场化，社会化的管理服务体系，优化公平公正的评价环境等。

2018 年，中共中央办公厅、国务院办公厅印发《关于深化项目评审、人才评价、机构评估改革的意见》（中办发〔2018〕37 号），指出：改进科技人才评价方式，要统筹科技人才计划，科学设立人才评价指标，树立正确的人才评价使用导向，强化用人单位人才评价主体地位，以及加大对优秀人才和团队的稳定支持力度。

2018 年，科技部，教育部等部门联合印发《关于开展清理“唯论文、唯职称、唯学历、唯奖项”专项行动的通知》(国科发政〔2018〕210 号)。对于人才项目，科技奖励，院士增选，职称评审，人才绩效考核等活动中的“四唯”做法进行了集中清理。

2017 年，中共中央办公厅、国务院办公厅印发《关于深化职称制度改革的意见》(中办发〔2016〕77 号)，提出：一是健全职称制度体系，包括完善职称系列，健全层级设置，促进职称制度与职业资格制度有效衔接；二是完善职称评价标准，包括坚持德才兼备、以德为先，科学分类评价专业技术人才能力素质，突出评价专业技术人才的业绩水平和实际贡献；三是创新职称评价机制，包括丰富职称评价方式，拓展职称评价人员范围，推进职称评审社会化，加强职称评审监督等。

2017 年，中共教育部党组提出《关于加快直属高校高层次人才发展的指导意见》(教党〔2017〕40 号)，指出要优化高层次人才考核评价，包括突出品德、能力和业绩导向，完善分类评价体系，改进评价方式等。

2020 年，教育部 科技部印发《关于规范高等学校 SCI 论文相关指标使用 树立正确评价导向的若干意见》的通知（教科技〔2020〕2 号)，提出建立健全分类评价体系，完善学术同行评价，规范人才等评价活动，优化职称（职务）评聘办法，科学设置学位授予质量标准等意见。

2020 年，科技部印发《关于破除科技评价中“唯论文”不良导向的若干措施（试行）》的通知（国科发监〔2020〕37 号)，实施分类考核评价，注重标志性成果的质量、贡献和影响，对创新人才推进计划人才评选突出科学精神、能力和业绩，破除过度看重论文数量多少、影响因子高低，忽视标志性成果的质量、贡献和影响等“唯论文”不良导向。

（二）评价案例

近年来，农业农村部不断提高部系统及全国农业系列职称评审的科学化水平。一是有序下放职称评审权限保障用人主体自主权，将副高级职称评审权限下放给中国农科院院属研究所，将中初级职称评审和认定权限下放至部属各单位。2018 年，湖北省农业科学院成为湖南省首家获得职称独立评审权的单位，可评审本单位自然科学研究系列高(含正高)、中、初级职称和其他系列（不含“以考代评”系列）初级职称。二是开展分级分类评审，完善全国农业技术推广研究员评审制度。分省部、地市、县乡三个级别评审。弱化基层申报人员学历条件。考虑将农业农村技术人员正高级职称评审权限下放到各省，分层级制定相应的评审标准。三是实行量化评价，不断提高评审工作科学化水平。在农业农村部部系统构建了以“学术水平”“业务能力”“业绩贡献”“成果奖励”“论文论著”“单位评价”“答辩情况”等七个要素为核心的职称评审量化评价标准体系，提高“业务能力”“业绩贡献”指标的权重，把“单位评价”作为一项评审基本要素。此外，为急缺人才开通职称评审绿色通道，畅通编外聘用人员职称评审渠道，企业工作期间业绩可作为职称评审依据，科研人员在企业兼职期间可评聘职称。

（三）农业科技人才评价的特殊性

农业科技人才评价要遵循农业学科的规律，不能急功近利。一是农业科技研究周期一般较长。如育成一种农作物新品种，少则五六年，多则 10 年以上；选育一个优良的家畜品种，往往要花一二十年时间。考核过于频繁、评价指标过于烦琐，不仅占用了农业科技人才大量的工作时间，也使他们难以静下心来深入思考、分析问题，难以做到真正的创新、创造。二是农业系统专业分类繁多，行业差异性巨大，基本相同的标准无法满足专业差异度大的评审需求。三是农业农村人才类型众多，且科研工作存在较大的社会效益和生态效益。要实施面向三农的科研绩效评价，在继续强化高层次专业人才评价的同时，积极探索开展以新型职业农民为主体的农村实用人才和新型农业经营主体带头人评价，制定适合农业农村人才工作实际和特点的评价标准。尤其对农技推广等应用型人才放宽学历、论文、外语等各种限制性条件，突出工作实绩，确保人才能够脱颖而出，让更多的真正把论文写在大地上的农业农村人才获得荣誉、得到尊重、受到激励、得到实惠。四是现代农业创新，是一个多学科、多领域交叉，协同创新的过程。关键农业科技成果的产生离不开多学科的团队合作。尊重认可团队所有参与者的实际贡献，将有助于团队骨干成员和青年科研人员的成长。创新团队负责人的评价则更应关注把握研究发展方向、学术造诣水平、组织协调和团队建设等方面。

（四）存在的问题

当前，我国农业科技人才评价机制仍存在制度体系不够健全、分层分类评价不足、评价标准片面僵化、评价评估手段趋同、评价机制不够完善、评价导向作用不明显、用人主体自主权不够、评价频繁重复过度等突出问题，人才评价体系还不能完全满足现代农业发展需要，亟须通过深化改革加以解决。特别是我国科技人才评价依然存在唯论文、唯学历，唯职称，唯项目、唯奖项的问题，容易引发科研诚信，弄虚作假，学术腐败。

（五）政策建议

1. 强化分层分类管理的多元评价导向

更加关注于国际前沿接轨，更加关注与产业需求接轨，更加关注与本土国情接轨，按“人尽其才，才尽其用”的基本原则，建立并试点差别化人才评价。基础研究类人才实行基于成果质量的国际同行评价，突出多样化标志性成果评价，实施成果影响力与代表作相结合制度；技术开发应用类人才实行基于技术成熟度和适用性的产业用户评价，关注新品种、新产品、新设备、新技术的推广应用规模；公益研究、管理服务、实验技术类实行工作实效评价，重点导向技术支持与服务水平；推进个人成长与团队发展相结合的团队评价，注重团队成员的实际参与度与贡献度，重点导向重大成果和重大突破；对特殊领域的人才开通点对点的针对性评价通道。

2. 改进和创新评价方式

优化人才评价周期，注重过程与结果相结合，短期与长期结合。促进人才评价与项目评审、机构评估有机结合，创新并完善人才与项目互为支撑的稳定支持制度。完善第三方人才评价体系建设。

（执笔人：吴迪 陈昆松 程术希）

三、涉农企业科技人才支持政策调研报告

为深入分析我国涉农企业科技人才的突出问题和深层次矛盾，研究当前和今后一段时期补齐涉农企业人才支持政策短板的主攻方向、具体举措，提出针对性、指导性强的政策建议，为农业科技创新提供更加有力的支撑，组织开展了涉农企业科技人才支持政策相关调研，并形成调研报告如下。

（一）涉农企业科技人才现状

1. 总体情况

农业科技人才，是指受过专门教育和职业培训，掌握农业行业的某一专业知识和技能，专门从事农业科研、教育、推广服务等专业性工作的人员，主要包括农业科研人才和农业技术推广人才两大类人员。据全国农业科技人才资源统计显示，截至2015年底，全国共有农业科技人才115.2万人，是农业科技人才的大国。

从单位分布看，省级以上产业化龙头企业45.3万人、占39.3%；农业科研院所7.4万人、占总量的6.4%，农业技术推广机构58.4万人、占50.7%，高等院校涉农专业4.1万人、占3.6%。以农机企业为例，规模企业共有各类科技人员总数超过1.1万人，约占总人员总数的3%，其中高级职称人员约占10%，中级职称人员约占25%。

从人员类别看，研发人员31.4万人、占27.3%，推广人员83.8万人、占72.7%。

从学历上看，博士3.3万人、占2.9%，硕士8.6万人、占7.5%，大学本科32.8万人、占28.5%，大学专科35.1万人、占30.4%，中专及以下35.4万人、占30.7%。

从专业技术职称上看，正高级职称3.9万人、占3.4%，副高级职称10.0万人、占8.7%，中级职称31.2万人、占27.1%，初级职称31.6万人、占27.4%，其他38.5万

人、占 33.4%。

从所从事行业看，种植业 37.6 万人、占 32.6%，畜牧/兽医 27.5 万人、占 23.9%，农机 4.8 万人、占 4.2%，农垦 4.2 万人、占 3.7%，渔业 5.7 万人、占 4.9%，其他 35.4 万人、占 30.7%。

2. 政策情况

党的十八大以来，党中央国务院高度重视包括涉农企业科技人才的农业科技人才事业发展，出台了一揽子人才激励政策。2016 年，中共中央印发了《关于深化人才发展体制机制改革的意见》，对破除束缚人才发展的思想观念和体制机制障碍，解放和增强人才活力，形成具有国际竞争力的人才制度优势做出总体部署；《国务院办公厅关于强化企业技术创新主体地位全面提升企业创新能力的意见》提出要加强企业创新人才队伍建设。各部门、各地方认真贯彻落实中央决策部署，也陆续出台了一系列关于科技人才培养、引进、使用、激励等政策措施，有力地推动了涉农企业人才队伍建设，比如科技部出台政策优先支持科技型中小企业参与“国际杰青计划”，支持科技型中小企业选派专业技术人才参加中长期出国（境）培训；农业部提出要重点扶持一批骨干种业企业，推动资源、技术、人才等要素向企业流动，建立育繁推一体化的商业化育种新体系；浙江省出台了进一步引导科技创新人才向企业集聚的政策，确立企业在重点创新团队建设中的主体地位，优先支持企业牵头并统筹高校、科研院所的力量打造重点创新团队。

（二）存在的问题

总体上来看，我国涉农企业科技人才队伍建设滞后，制约了企业成为技术创新主体，制约了企业创新发展。

1. 农业企业科技人才队伍层次低、不稳定

农业企业多数普遍规模小、研发经费不足，拥有科研团队的比例不高，高水平的科研团队更是缺乏。同时，近年来科研单位、教育机构实行人才激励政策后，涉农企业为数不多的高层次科技人才呈净流出的态势。省级以上农业产业化龙头企业科技人才数量虽有很大增长，但多数人员专业职称较低或没有职称，随着农业企业的发展和人才流动的需要，职称评审工作越来越得到农业企业和科技人员的重视，呼声越来越高。但由于农业企业科研人员大都没有纳入体制内管理，一方面缺乏职称评审的申报渠道，另一方面企业工作业绩与现行职称评审标准要求存在差异，在一定程度上已经阻碍了科研人员发展和科技创新。

2. 人才队伍结构不够合理

突出表现为人才结构不科学和人才分布不平衡。从专业结构上看，存在传统学科人才较多、新兴学科人才较少的问题。如传统农学、农艺的人才较多，而新现代生物技

术、资源高效利用、循环农业、环境保护、智能装备等研究领域的人才较少。从分布上看，在地域和单位类型分布上呈现出明显的不平衡性，东部地区农业科研条件相对好，人才资源较丰富、集中，经济发展落后的地区人才相对缺乏。

3. 高层次人才相对匮乏

科技进步和创新离不开高水平的科技人员和科研团队，要提升企业核心竞争力，研发高水平的科技成果，就必须要有一批站在国际农业科技前沿的战略科学家、学术领军人物和一支优秀的团队来支撑和引领。但相比而言，作为农业大国，我国在涉农企业科研方面具有较高专业知识和专业素质的高层次人才数量偏少，特别是能够达到国家竞争层面的领军人才、高端人才十分匮乏，目前涉农企业中没有“两院”院士。另外，目前涉农企业高水平人才申报国家及人才计划的渠道相对不畅，不利于高层次人才培养。

（三）政策建议

1. 加大涉农企业人才培养投入支持力度

实施涉农企业科技创新人才培养培训开发计划，针对重点领域高端农业科技人才短缺、科研团队不稳定、科技成果转化应用人才不足的现状，加强涉农企业科技人才培养，支持产学研合作培养企业科技人才，着力培育高水平的科研创新团队。在国家重大研发项目申报中，赋予企业科技人才与科研教学单位人员同等待遇，支持涉农企业科技人才牵头承担国家及省部级科技计划项目，促进企业技术研发，加快研发成果转化。

2. 加大涉农企业科技人才激励

2012 年以来农业领域国家科技进步奖中只有 1 项是涉农企业牵头，也没有涉农企业获得国家科技进步奖企业技术创新工程类奖励。加强国家科技奖励对企业技术创新的引导激励，支持涉农企业申报国家科技进步奖企业技术创新工程类奖项，支持企业牵头申报国家技术发明奖、国家科技进步奖。鼓励科研事业单位人员到企业服务和兼职，落实兼职兼薪，引导人才合理有序向企业互动。支持将农业领域产业技术创新战略联盟纳入国家级人才计划推荐渠道。落实深化职称制度改革政策，畅通企业科技人才职称评审渠道，使企业创新人才获得相应专业技术职称，畅通涉农企业人才发展通道。支持涉农企业建立星创天地，鼓励开展职工合理化建议、技术革新、技能大赛等群众性技术创新活动，对有突出贡献的职工优先晋升技术技能等级，充分调动职工参与技术创新的积极性，提高企业职工科技素质。

（执笔人：吴海华 杨信廷 李波 方宪法 杨炳南）

四、涉农高校新农村发展研究院调研报告

（一）新农村发展研究院的制度背景

为发挥涉农高校人才培养、科学研究、社会服务、文化传承、国际合作等五大职能，激活其社会服务潜能，贯彻2012年、2013年中央一号文件精神，落实《国家中长期科学和技术发展规划纲要（2006—2020年）》《国家中长期教育改革和发展规划纲要（2010—2020年）》和八部委下发的《关于深入开展科技特派员农村科技创业行动的意见》，科技部、教育部先后于2012年4月、2013年12月分两批建设了39家新农村发展研究院（简称新农院）。

长期以来，涉农高校积极发挥自身人才、学科、科研和成果四位一体的综合优势、结构优势、数量优势和质量优势，开展农业技术推广服务，培养了一大批知农爱农新型人才，为“三农”事业发展做出了重大贡献。新农村发展研究院，以加强农业科技服务基地建设和提升现代农业技术培训品质为核心，以优化新农院建设和推进公益性推广工作为抓手，借鉴国外发达国家的成功经验，构建以大学为依托、农科教相结合、产教融合发展的新型农业产业技术推广服务体系，提升服务“三农”能力，服务国家乡村振兴战略，取得了较大成效。

（二）新农村发展研究院的建设成效

1. 大学农业农村科技服务平台作用明显

涉农高校充分利用其多学科、多功能的优势和特色，通过校地、校所、校企、校农间的合作，建设了一批综合示范基地、特色产业基地、分布式服务站。综合示范基地集科研中试示范、成果推广转化、农民技术培训以及学生实习创业为一体，加快成果的孵化与转移，使之成为区域新农村建设的辐射中心；特色产业基地紧密围绕当地农村特色产业的发展需求，创新校地、校企、校农等合作方式，从共性关键技术出发，切实提升特色产业的产品质量，带动相关产业发展，增加农民收益，并发挥示范带动作用，成了县乡特色产业的发展引擎；分布式服务站依托和融合村镇基层农业技术推广机构和队伍，及时掌握新农村建设与发展的现实需求，结合科技特派员农村科技创业、大学生实习实践和创新创业等活动，全方位、多角度服务新型农业经营主体，架起了涉农高校与乡村基层的桥梁。目前，39所高校新农村发展研究院共建设综合示范基地178个、特色产业基地515个以及分布式服务站642个，各类基地总面积达到了406.8万亩，服务涉农企业1 700余家，示范推广新成果1万余项，新增产值近6 000亿元。以“综合示范基地—特色产业基地—分布式服务站”的服务基地体系为基础，各新农院积极探索建

设新型服务基地平台，从多方面服务乡村振兴。

2. 适应乡村振兴需求的体制机制改革初显成效

为适应乡村振兴和社会服务的需求，涉农高校组建相对独立、开放运行的“新农村发展研究院”，设立了人才培训、信息服务、基地建设、技术推广、科技扶贫、政策咨询等部门，基本上由学校党委书记或校长兼任院长，配备了执行院长、常务副院长、专职副院长、专职管理人员和专职农业技术推广专家，完善了新农院的组织管理架构和专职技术推广队伍。

同时，部分涉农高校还成立了新农村发展研究院建设领导小组和专家咨询委员会，作为新农院的最高领导机构和决策咨询队伍。如华南农业大学新农村发展研究院还建立了由省科学技术厅、省教育厅、省农业农村厅轮值的省级部门联席会议制度，部门联席会议召集人由三个部门的负责人轮流负责，每年召开一次，目前已经召开了六次省级部门联席会议，为新农院的发展目标、发展方向、发展路径提供指导意见，综合协调和及时有效解决新农院在发展过程遇到的各种困难和问题。

3. 国家大学农业技术推广体系日趋完善

为探索建立国家大学农业技术推广体系，全国 39 家新农村发展研究院于 2015 年 8 月组建了高校新农村发展研究院协同创新战略联盟，联盟成立大会在陕西杨凌西北农林科技大学举行，大会形成了“杨凌共识”，即“高等学校新农村发展研究院协同创新战略联盟，致力于推进一二三产融合，发展第六产业，深入推行科技特派员制度，打造星创天地，创新中国特色的农业科技‘大学推广模式’和‘政产学研用合作模式’，系统解决食品安全问题，开创创新驱动城乡一体化发展的新途径”。

2017 年 11 月，39 家新农村发展研究院和 60 多家农业龙头企业再聚广州，召开大学农技推广服务模式与体制机制创新研讨会，与会代表一致认为，当前我国农业科技成果应用转化率较低（50%左右），与发达国家（80%以上）之间尚有较大的差距，因此，加大力度全面推进我国农业科技的推广应用服务已是当务之急。近年来，我国已逐步建立了多元化主体的农技推广应用服务体系，其中大学特别是涉农高等院校拥有丰富的科技资源和人力资源，日益成为我国农技推广服务的生力军。2012 年，中央一号文件明确提出“要引导高等学校、科研院所成为公益性农技推广的重要力量”。

我国大学在农技推广服务的地位和作用已日益凸显。然而，当前大学在农技推广方面存在“社会服务导向不明、推广激励机制不顺、推广人员不足、推广经费不稳、推广渠道不畅、推广路径不当”等诸多问题，最终导致农技推广总体实效不佳的局面。基于此，为了更好地发挥大学在农技推广服务的多维优势，激活高校教师在农技推广服务中的巨大动能，构建“科学研究—人才培养—推广服务—创新创业”等多位一体的现代大学服务社会的创新体系，特提出以下几点倡议：“全面深化改革，切实建立健全大学农技推广人员的职称评定与绩效激励机制，扩大农技人员队伍；建立大学农技推广服务的资金持续稳定的投入机制；成立全国大学农技推广创新服务联盟；切实将大学人才培养纳入国家农技推广服务体系，建立大学生的创新-创业-就业协同发展机制；建立需求与问题导向式（需求侧改革）的农技推广服务新路径；建立农技推广人员的考核机制与资格准入制度”。

4. 科研院校开展重大农技推广试点取得成功

为创新农业技术推广体制机制，探索科研院校农技推广服务新模式与新方式，农业部、财政部2015年组织实施科研院校开展重大农技推广服务试点服务工作。选择西北农林科技大学、中国农业大学、华中农业大学、华南农业大学、南京农业大学、安徽农业大学、沈阳农业大学、福建农林大学、河南农业大学等大学新农村发展研究院开展重大农业技术推广新机制试验试点。试点项目通过支持建立“科研试验基地—区域示范基地—基层推广服务体系—新型农业经营主体”的链条式农技推广服务新模式，鼓励学科专家常驻试验示范场，科教人员到农村一线从事农技推广，推动技术创新与技术推广有机结合，促进院校科技服务与农业产业需求，院校专家团队与基层农技推广体系有效对接。探索建立科技成果快速转化为生产力的新机制，有效提升农业科技贡献率。全国10个试点省市通过现场指导、观摩会、远程培训等多种方式开展了3 392场培训，共培训农技人员、农户达340 949人次。全国共建设685个基地，其中试验基地72个、示范基地242个、基层农技站点363个。承担试点工作的省市共研发集成、推广新品种604个，新技术454项，通过品种、技术推广实现种植产业大面积增产/增收，养殖产业提高存活率、降低发病率，助力产业经济效益提升。

5. 农业技术推广信息化手段日益提升

部分新农院搭建了跨学校、跨地区的资源整合与共享平台，提供产业指导、商情分析、科技推广、成果展示、农民培训等综合服务，形成高校专家与村镇、企业、农户间的纵向联系。同时，以信息化网络平台为基础，实现互联互通，搭建跨校、跨地区的资源整合与共享平台，构建高等学校服务新农村建设的信息化体系。如华南农业大学、西北农林科技大学、安徽农业大学等建立了远程农业技术推广远程服务平台，成功探索了集远程考察、远程诊断、远程培训等多位一体的“互联网+”大学农技推广服务线上模式。综合物联网、大数据、区块链等信息化技术提升农业技术推广手段，建设农业大数据平台，初步形成集农业成果数字化展示、环境实时监测、远程培训与诊断、生产在线控制等一体的可视化农业技术服务新模式。

6. 新农村发展研究院成为学校服务社会的重要窗口

新农村发展研究院作为学校连接政府、企业、基层农业技术机构、产区涉农学校、农民专业合作社、新型农业经营主体等的桥梁纽带，是涉农高校服务社会的职能部门和重要窗口。在建设中，各高校重点突出农、科、教相结合的综合服务模式的建立，推进农业科技与地方产业发展的有效结合，将农业科技推广与新型农民的技术培训、农村信息化建设有机统一，使农业推广和服务的形式与内容更加丰富，更注重能力建设和人力资源开发，更加符合新型农民的需求。各学校结合现有的特色和优势，在工作中强化与国家农业科技园区、农业产业园、农业公园、农民创业园、农业特色小镇、农业专业镇、农业龙头企业、金融机构、地方技术转移中心、贫困地区、贫困村等单位的科技合作，推进科技成果与市场的对接，形成技术成果持续再生，开放流动和有效转化的技术转移新机制。

（三）新农村发展研究院建设的存在问题

1. 涉农高校融入国家农业技术推广体系缺乏顶层设计和政策保障

2012 年 8 月 31 日第十一届全国人民代表大会常务委员会第二十八次会议通过的《中华人民共和国农业技术推广法》和 2012 年 12 月 28 日第十一届全国人民代表大会常务委员会第三十次会议通过的《中华人民共和国农业法》明确规定，涉农高校是国家农业技术推广体系的重要组成部分。

2012 年以来，每年的中央一号文件都非常强调发挥涉农高校和新农村发展研究院在农业技术推广中的作用。2012 年中央一号文件明确“引导高等学校、科研院所成为公益性农技推广的重要力量，强化服务‘三农’职责，完善激励机制，鼓励科研教学人员深入基层从事农技推广服务。鼓励高等学校、科研院所建立农业试验示范基地，推行专家大院、校市联建、院县共建等服务模式，集成、熟化、推广农业技术成果”；2013 年中央一号文件点名新农村发展研究院，指出“支持高等学校、职业院校、科研院所通过建设新农村发展研究院、农业综合服务示范基地等方式，面向农村开展农业技术推广”；2014 年中央一号文件提出“推行科技特派员制度，发挥高校在农业科研和农技推广中的作用”；2015 年中央一号文件又提到了新农村发展研究院，要求“充分发挥科研院所、高校及其新农村发展研究院、职业院校、科技特派员队伍在科研成果转化中的作用”；2016 年中央一号文件强调“健全适应现代农业发展要求的农业科技推广体系，对基层农技推广公益性与经营性服务机构提供精准支持，引导高等学校、科研院所开展农技服务”；2017 年中央一号文件“鼓励高等学校、职业院校开设乡村规划建设、乡村住宅设计等相关专业和课程，培养一批专业人才，扶持一批乡村工匠”；2018 年中央一号文件“支持地方高等学校、职业院校综合利用教育培训资源，灵活设置专业（方向），创新人才培养模式，为乡村振兴培养专业化人才。扶持培养一批农业职业经理人、经纪人、乡村工匠、文化能人、非遗传承人等。全面建立高等院校、科研院所等事业单位专业技术人员到乡村和企业挂职、兼职和离岗创新创业制度”；2019 年中央一号文件中提到“加强高等学校涉农专业建设。抓紧出台培养懂农业、爱农村、爱农民‘三农’工作队伍的政策意见”；2020 年中央一号文件进一步指出，要“培养更多知农爱农、扎根乡村的人才。整合利用农业广播学校、农业科研院所、涉农院校、农业龙头企业等各类资源，加快构建高素质农民教育培训体系”。

2019 年 9 月 5 日，习近平总书记在给全国涉农高校的书记校长和专家代表的回信中充分肯定了涉农高校在农业技术推广中的贡献，习总书记指出“新中国成立 70 年来，全国涉农高校牢记办学使命，精心培育英才，加强科研创新，为‘三农’事业发展做出了积极贡献”。但是，涉农高校和新农村发展研究院，在国家农业技术推广体系并没有一席之地，在机构编制、财政预算、政策补贴、条件建设等方面，对涉农高校及其新农村发展研究院缺乏顶层设计和政策保障。

2. 新农村发展研究院缺乏稳定的经费支持

新农村发展研究院日益成为区域涉农学校服务乡村振兴战略的先锋模范、学校人才和科技优势的展示窗口、地方政府融合发展的联系纽带、农业龙头企业的合作桥梁。但是，目前多数新农院主要依靠建设单位挤占教育经费，临时争取竞争性的成果推广项目和应用研究项目，勉强维持日常工作，没有稳定的农业技术推广专项经费支持，再加上农业技术推广的公益性特点，无法实现有偿服务，可持续发展受到制约，新农院的社会服务和乡村振兴潜力得不到充分挖掘。

3. 农村科技服务平台建设支持条件贫乏

目前，39 家新农村发展研究院克服种种困难，创新体制机制，建设了一批综合示范基地、特色产业基地和分布式服务站等农村科技服务载体，但是，一方面载体数量还不能满足面向现代农业发展的服务需求，另一方面基地的运行与管理还存在不少问题，多数学校还没有人力、财力去主动建设和管理各类服务载体，服务载体在科技下乡服务中的重要性还没有得到足够的重视。

4. 涉农高校服务乡村振兴内生动力不足

长期以来，国家十分重视高等院校特别是涉农高校的发展，通过实施 211 工程、2011 工程、985 工程、“双一流”建设计划，加大了中央和地方财政投入，组织开展了本科教育水平评估、学科评估，办学水平和人才培养质量得到了显著提高。习近平给全国涉农高校的书记校长和专家代表的回信，希望涉农高校继续以立德树人为根本，以强农兴农为己任，拿出更多科技成果，培养更多知农爱农新型人才。为打赢脱贫攻坚战、推进乡村全面振兴不断做出新的更大的贡献。总书记的嘱托，为涉农高校发展提供了遵循。但是，涉农高校全面服务乡村的激励机制尚未建立，服务“三农”的考核评价指标体系有待细化，约束性指标缺乏或刚性不强，涉农高校服务乡村振兴内生动力不足。

5. 涉农高校农业技术推广专职人员紧缺

通过新农村发展研究院的制度建设，涉农高校建设了一批综合示范基地、特色产业基地和分布式服务站，有一批农业技术推广人员活跃在基层，为知农爱农新型人才培养，为“三农”事业发展做出了积极贡献。但是，真正下得去、蹲得住、专业对口、实践能力强的专职农业技术推广专家的数量和质量，还远不能满足农村基层一线的人才需求。目前部分学校尽管设置了“推广系列”岗位，但由于受到整体人员编制等多方面的限制，推广服务队伍的人员数量、专业结构、岗位配置等严重不足，科技服务人才紧缺问题十分突出，严重制约了科技下乡服务工作的实施效果。

（四）完善新农村发展研究院制度的政策建议

1. 支持涉农高校依法开展农业技术推广工作

《中华人民共和国农业技术推广法》（2012年版）“第二章农业技术推广体系”和“第三章农业技术的推广与应用”都有相应规定。第二章第十条规定：农业技术推广，实行国家农业技术推广机构与农业科研单位、有关学校、农民专业合作社、涉农企业、群众性科技组织、农民技术人员等相结合的推广体系。第二章第十六条规定：农业科研单位和有关学校应当适应农村经济建设发展的需要，开展农业技术开发和推广工作，加快先进技术在农业生产中的普及应用。第三章第二十条规定：农业科研单位和有关学校应当把农业生产中需要解决的技术问题列为研究课题，其科研成果可以通过有关农业技术推广单位进行推广或者直接向农业劳动者和农业生产经营组织推广。国家引导农业科研单位和有关学校开展公益性农业技术推广服务。第三章第二十三条第二款规定：教育、人力资源和社会保障、农业、林业、水利、科学技术等部门应当支持农业科研单位、有关学校开展有关农业技术推广的职业技术教育和技术培训，提高农业技术推广人员和农业劳动者的技术素质。

《中华人民共和国农业法》（2012年版）第五十二条规定：农业科研单位、有关学校、农民专业合作社、涉农企业、群众性科技组织及有关科技人员，根据农民和农业生产经营组织的需要，可以提供无偿服务，也可以通过技术转让、技术服务、技术承包、技术咨询和技术入股等形式，提供有偿服务，取得合法收益。农业科研单位、有关学校、农民专业合作社、涉农企业、群众性科技组织及有关科技人员应当提高服务水平，保证服务质量。对农业科研单位、有关学校、农业技术推广机构举办的为农业服务的企业，国家在税收、信贷等方面给予优惠。

依据《中华人民共和国农业技术推广法》《中华人民共和国农业法》（2012年版），不难理解，涉农高校是国家农业技术推广体系的重要组成部分，涉农高校从事农业技术推广工作有着充分的法律依据，国家和地方政府应进一步明确赋予涉农高校农业技术推广职能，给予相应的政策扶持和财政投入。

2. 加强新农村发展研究院的财政和政策保障

加大新农村发展研究院政策支持力度，建立常态化的政策、人员和资金支持体系。加强新农村发展研究院的财政投入和政策保障，建议参照国家农业技术推广机构的财政投入和高校基本科研业务费的支持体系，中央财政对新农村发展研究院的农业技术推广资金在年度财政预算内给予保障，并按规定使该资金逐年增长。各级人民政府应当采取有效政策措施，主动争取新农村发展研究院与县、乡镇国家农业技术推广机构建立乡村振兴服务共同体，保障和改善相关人员的工作条件、生活条件和政策待遇，并按照国家规定给予补贴，稳定国家农业技术推广队伍，提高基层农业科技人员的素质和水平，发挥涉农高校学科齐、人才多、成果广的综合特色和优势，全方位服务乡村产业振兴、人才振兴、文化振兴、生态振兴和组织振兴，实现乡村全面振兴。

3. 继续支持涉农高校探索开展国家大学农技推广服务试点工作

涉农院校经过长时间的探索，发挥科技和人才优势，不断开展农业技术推广服务，为促进农业稳定发展、农民持续增收、乡村振兴发展做出了重大贡献。习近平总书记多次强调，没有农业农村的现代化，就没有整个国家的现代化，要实现农业农村现代化，人才是基础，关键在创新。涉农高校在国家农业科技创新和农业技术推广中的发挥重要作用，新农村发展研究院是涉农高校开展重大农业技术推广的重要载体，多年来，在服务能力跃升、服务模式建立、农科教深度融合、体制机制改革等多个方面积累了系列经验和模式。2015 年以来，农业部、财政部组织开展大学农技术推广服务试点工作，形成了一套科研试验基地—区域示范基地—基层推广服务站点—新型农业经营主体的可复制、可推广、链条式、“互联网+”大学农技推广服务新模式，学科专家常驻实验示范场，科教人员到农村一线从事农技推广，推动了技术创新与技术推广有机结合，实现了科技服务与产业需求、专家团队与基层队伍的有效对接。

4. 改革涉农高校考核评价指标体系

遵循农业科技特征和发展规律，考虑农业科技的公共性、基础性、社会性，注重涉农高校从事农业科技创新与农业技术推广服务工作的特殊性，将科技推广工作与科研工作分开考核，在涉农高校绩效评估、干部考核与教育资源分配中，充分体现涉农高校对国家“三农”发展的贡献，激发涉农高校服务乡村振兴的内生动力。

5. 依托新农村发展研究院建设一批乡村振兴综合试验区

利用涉农高校在农业政策、产业发展、农业技术推广、乡村治理领域的特色与优势，支持涉农高校组织多学科专家在不同生态区域，按照不同经济发展水平，选择典型乡村开展乡村发展与振兴综合试验，建立一批永久性乡村振兴综合试验区，为国家及地方乡村振兴顶层设计和决策提供方案、贡献智慧。

（执笔人：王小龙 吕建秋）

五、科技特派员制度有关政策调研报告

（一）我国科技特派员制度实施现状

1. 科技特派员制度发展历程

科技特派员制度起源于我国农技推广体系的基层创新。1999 年，为破解闽北“三农”发展难题，福建省南平市探索形成科技特派员制度。2002 年，时任福建省省长的习近平在对南平市向农村选派干部的工作进行专题调研后，在《求是》刊文《努力创新农村工作机制》，指出南平市的这种做法是对新形势下农村工作机制的创新。同年 10 月，科技部总结福建南平科技特派员实践经验，在宁夏、陕西、甘肃、青海、新疆等西北 5 省区开展科技特派员试点工作。2009 年，科技部等 8 部委在全国范围内启动科技特派员农村科技创业行动。2012 年、2013 年科技特派员制度连续两年写入中央一号文件。2014 年中央一号文件首次明确提出了“推行科技特派员制度”。2016 年，国务院印发了《关于深入推行科技特派员制度的若干意见》，从国家层面对科技特派员工作进行了顶层设计和谋篇布局。

截至 2017 年，全国科技特派员总数达到 84.6 万人，覆盖全国所有县（市、区），与老乡建立利益共同体 3 万个，创办企业 1.15 万家，带动农民增收超过 1 010万户，成为奋战在脱贫攻坚一线的创新“先锋队”①。2019 年，习近平总书记在对科技特派员制度推行 20 周年总结会议的重要指示中，肯定了科技特派员制度的成绩，并强调要坚持把科技特派员制度作为科技创新人才服务乡村振兴的重要工作进一步抓实抓好。

2. 典型地区科技特派员制度现状比较分析

纵观我国科技特派员制度在各地区的发展，目前主要形成四种模式，分别是“南平模式”“宁夏模式”“浙江模式”和“广东模式”。本研究对以上四个省（自治区）科技特派员制度的关键因素进行了比较分析（表 1）。南平模式的制度特点在于把科技特派员制度作为“一把手”工程，坚持双向选择、供需对接的选派方式，推动行政与市场机制相结合，推动科技特派员从单兵作战向跨区域服务、组团服务、协会行业服务转变，坚持市场化运作、公司化管理的运行机制，实现科技服务资源高效配置和有效供给（吴水旺等，2020）。浙江模式是经济发达地区比较成功的探索，通过科技特派员团队服务和电子信息化等手段，使乡镇和重点产业对接省市县三级农业科技资源，以实施一个项目，引进一项技术，带动一方农民为工作目标，组建科技特派员团队产业化项目服务组开展工作（孙彩霞等，2014）。宁夏模式是西部科技特派员试点地区的代表，它以

---

① 数据来源：中国科学报，2018-08-23 第 1 版 要闻

政府实施的科技项目为载体，鼓励科技人员创业，鼓励社会力量参与，尤其是充分利用市场机制动员社会资源（韩晓，2019）。广东模式则结合区域发展特点，强调对企业的派驻服务，超过 1/3 的科技特派员直接或间接参与农业产业化企业的生产经营活动，帮助企业解决技术、管理、销售等难题，促进企业产品升级和自主创新能力提升（刘小青，2016）。

尽管不同地区关于科技特派员制度政策的侧重点略有不同，但结合国家对科技特派员工作的顶层设计，各地区相关政策还是表现出一些特点。选派对象上，四种典型模式的特派员来源渠道趋于多元，重点强调“专长”，减少资格条件规定，并且都在推动科技特派员队伍由小到大、由单一向多元、由自然人创业向法人集群创业转变。选派方式上，坚持双向选择，精准派遣。服务方式上都突出科技项目带动的效果，探索多元的市场化、社会化运作方式。服务领域上，逐步从第一产业拓展到农业全产业链以及全方位乡村建设。同时，都强调了项目、资金、社会化服务平台对科技特派员工作的保障基础，通过保留人事关系、奖励、鼓励创收、宣传表彰等形式激励特派员工作热情。此外，强调科技特派员工作的跨部门统筹协调，形成制度化监督管理机制。对于科技特派员的考核评价上，突出灵活性和优先权。

表 4–5　典型区域科技特派员政策比较

关键要素	福建省南平市	浙江省	广东省	宁夏回族自治区
选派对象	省级事业单位、高校、科研院所高级人才；市、县级企事业单位专业人才；社会各界专长人才；中级或硕士学历以上	省内各级单位；鼓励高校、科研院所等主体作为法人科技特派员；省外优秀科技人员；适当向涉农类其他行业拓展	个人、团队、企事业单位；公益型和创业型科技特派员；突出粤东西北急需人才	不受地域、行业、身份限制
选派方式	双向对接，签订协议	双向选择；精准选派	双向选择	双向选择
服务时间	2 年，鼓励延长	无具体要求	无具体要求	2~3 年，灵活调整
服务方式	市场化、公司化运作；“互联网+科技特派员”模式；科技特派员+村集体经济组织；公司+合作社（特派员）+农户等	项目带动；从基层挖掘技术；创新创业带动	特派员与服务对象共同创办各类新型经营主体；运用“互联网+”模式；技术服务、投资入股；鼓励成果对接	项目带动；建立利益共同体；科技特派员创办企业

（续表）

关键要素	福建省南平市	浙江省	广东省	宁夏回族自治区
服务领域	科技创业；精准扶贫；农业全产业链服务；绿色产业；全方位社会建设	科研攻关；品种和技术推广；加快发展县和低收入农户；农业全产业链	主推实用技术成果；精准扶贫；开发特色产业；构建农业科技孵化育成体系；信息化建设	战略性主导产业、区域优势特色产业、生态治理、新农村建设等；农资和农产品供求网络
保障机制	项目扶持；资金扶持	提高项目经费补助；改革经费管理；金融支持	资金支持；政策优惠；金融支持；优化科技特派员服务环境；社会保障；为科技特派员提供社会化服务	搭建科技特派员创业技术服务平台；“三保两优先”等优惠政策；项目倾斜；资金保障；金融支持；税收减免
激励机制	保留人事关系；鼓励创收；奖励优秀；加强表彰宣传；鼓励创新创业	保留人事关系；鼓励创新创业；加强表彰宣传	保留人事关系；待遇从优；保障合法收益；鼓励合法创收；鼓励创新创业；鼓励成果转化；加强表彰宣传	保留人事关系；鼓励创新创业；鼓励合法创收；加强表彰奖励和宣传
组织领导	市长负责、部门协同、上下联动	作为干部培养途径；部门协同	跨部门统筹协调	跨部门统筹协调；强化长期组织领导；目标责任考核制
监督管理	建立工作档案；规定在派驻单位服务时间、服务指标	登记制度；信息管理平台；委托第三方机构评价；县（市、区）对区域内派驻科技特派员评价	科技特派员登记制；信息化管理	考勤、考核、奖励、项目管理制度；加强科技特派员培训
考核评价	按照公益服务型、科技创业型分类评价；考核优秀指标单列30%	考核晋升优先；与各类人才计划对接	考核晋升优先；考核依据灵活转化	放宽评审条件；考核晋升优先

资料来源：《关于深入推行科技特派员制度的实施意见》（南委发〔2017〕14号）、《浙江省人民政府办公厅关于深入推行科技特派员制度的实施意见》（浙政办发〔2017〕51号）、《广东省人民政府办公厅关于深入推进科技特派员制度的实施意见》（粤府办〔2016〕101号）、《关于深入开展科技特派员创业行动的意见》（宁党发〔2008〕57号）、《宁夏回族自治区科技特派员创业行动方案》（宁科发〔2002〕1号）。

（二）当前我国科技特派员制度存在的问题

1. 科技特派员身份和职责界定不清

我国科技特派员目前主要来源于各级行政事业单位、科研单位和高校，大部分特派员的日常工作管理按照《公务员法》要求开展。科技特派员与《公务员法》规定“国家公务员不允许从事赢利性质的活动”产生冲突而导致很多科技特派员没有积极参与到工作中去。同时，事业单位通常对人员定编、定岗和定酬，相关科技特派员长期派到农村一线服务，必然影响本单位正常工作和个人晋升。派遣单位内部工作繁忙，也常常需要将科技特派员留在原单位而影响其在农村进行科技服务的时间。此外，在实际的科技指导工作中，科技特派员除了农业科技推广工作外，时常被安排兼顾科技扶贫、农村金融服务、新农村项目建设等工作，占用了大量的工作时间，给科技特派员职责定位带来难度（吴发荣，2019）。身份和职责界定不清，使科技特派员难以协调派遣单位与服务单位的工作需要，影响其在农村服务的效果与意愿。

2. 财政经费支持不足，灵活性不够

科技特派员制度面向的区域大多是经济欠发达的农村地区，需要更多的财政经费支持。尽管目前各级政府对该项工作提供了资金保障，但还远远不够，尚未形成对科技特派员工作的稳定支持。例如，广东省 2019 年下达的农村科技特派员经费仅仅 1 440 万元[①]，远低于其他领域的经费投入。同时，在“公车改革”的背景下，科技特派员前往农村开展服务过程中的交通费用难以处理；现行的科技经费管理制度下，农业服务过程中的部分开支没有正规报销凭据，增加了科技特派员前往农村开展服务的难度，影响其对农村提供服务的主观积极性。

3. 服务稳定度不够

农业科技服务体系建设的目标之一就是能够使农户持续不断接收科技传播与服务，不断提升科技素质，增强持续增收能力。科技特派员的任职期限通常较短，很多工作内容具有临时性特点，制约了科技创业与服务长期稳定的开展。同时，科技特派员“老、中、青”团队式服务有限，难以形成对派驻地区长期的研究和服务。

4. 服务领域不宽

科技特派员以往主要是结合自己所承担的科研项目开展工作，服务内容比较单一，服务范围相对较窄。乡村振兴战略在实现产业振兴的同时，还要实现人才振兴、文化振兴、生态振兴和组织振兴。因此，科技特派员必须在以往主要服务农业生产一线的基础上，扩大服务功能和范围，把科技服务内容由单一产业向多领域拓展，由产业链条的某一个环节向全产业链条延伸，由服务产中向产前、产后延伸，由单一技术服务向综合性服务拓展，由点向面发展，实现科技特派员服务领域的全覆盖（杨越冬等，2019）。

---

① 数据来源：广东省财政厅（http：//czt. gd. gov. cn/tzgg/content/post_2651550. html）

（三）完善我国科技特派员制度的若干政策建议

1. 完善科技特派员管理细则，落实考核倾斜政策

协调好派出单位、派驻单位和科技特派员三者之间的关系，需要在各地区现有制度的基础上，因地制宜，形成与之配套的科技特派员日常工作、管理、考勤、考核、福利待遇等相关工作管理细则，让科技特派员制度的相关三方都明确自身的权力和义务，促进科技特派员工作顺利并高效开展。进一步落实科技特派员制度中关于考核晋升优先的相关意见，积极与各类人才计划对接，提升科技特派员服务农村的意愿与动力。

2. 建立和完善经费投入机制

持续稳定的经费支持是开展科技特派员工作的重要保障。一方面，各级财政部门应该将科技特派员专项资金纳入农业推广相关工作的常规预算当中，稳定支持科技特派员工作。推行项目补助经费与服务绩效挂钩的机制，提升科技特派员工作的主观能动性。另一方面，进一步完善科技特派员创业风险投资基金，探索多元化融资渠道和金融服务平台，为科技特派员创业提供有效支持。

3. 积极推进科技服务工作由“员”向“团”的转变

要克服以往科技特派员单兵作战、队伍不稳、力量分散的问题，组建跨学科、跨部门科技特派团，团长挂职派驻地点领导岗位，结合当地发展需求，充分发挥多学科、多部门的协同作战优势，组织开展技术创新、技术服务和科技成果的应用转化。同时，强调科技特派团内部年龄梯度，形成“传帮带”工作机制，提升对派驻地点科技服务工作的长效性和稳定性。

4. 拓宽科技特派员服务领域

各级政府要全面践行新发展理念，围绕国家“乡村振兴”战略，响应科技部“横向到边、纵向到底”的号召，全方位拓宽科技特派员在农业农村工作中的服务领域，将绿色发展、乡村治理、文化振兴、组织振兴等方面融入科技特派员工作中，吸引更多相关专业人才进入科技特派员队伍。

5. 加强科技特派员能力培训

各级政府在积极鼓励和支持科技特派员开展基层创新创业的同时，必须重视科技特派员综合素质和服务能力的提升。要充分利用国家科技特派员创业培训基地等平台，定期组织开展科技特派员业务技能和政策法规相关知识的培训，有效提升科技特派员的服务能力和水平。

（执笔人：王小龙 吕建秋）

企业创新篇

一、我国农业高新技术企业发展状况调研报告

（一）引言

1. 调研背景

农业的发展与进步是全面建设小康社会的基础和关键。当前，经济全球化引发农产品以质量与市场为核心的竞争日趋激烈，我国必须依靠农业科技进步，通过农业科技的突破性成果和新技术的有效应用，实现农业的持续发展。农业高新技术企业（也称“涉农高企”）作为农业创新主体，其发展状况对于改造我国传统农业，大力推行现代农业，提高农业国际竞争力有着十分重要的意义。随着国家农业科技园区、国家农业高新技术产业示范区等涉农类科技园区的不断发展，我国农业高新技术企业的数量也在不断发展壮大。截至 2018 年底，我国高新技术企业数量已达 18.1 万家，涉农高企已超 8 900家，主要集中在育种（蔬菜、果苗繁育）、粮油加工、果蔬加工、农机装备、生物医药等领域。涉农高企数量虽有增加，但在所有高企中占比仍然较低，普遍存在规模小、数量少、发展缓慢、科研经费投入少、创新动力不足等问题。

对于农业高新技术企业，其技术生产率一般在 60%以上，与其他企业的发展相比更依赖于科技研发。而我国长期以来从政府层面到企业层面对于研发投入的力度明显不足。2009 年以来我国每年在农业科研经费上的投入占全国总科研经费的比重始终维持在 6.4%~7.4%，2012 年后还出现了下降趋势。农业科研投资强度目前仅约为 0.6%，严重低于发达国家和世界平均水平，也低于全国科研投资强度的平均数。涉农企业研发投入过低，涉农高企的研发投入占比近年来虽有所提升，但动力不足，直接影响了企业的发展壮大和农业科技竞争力的提升。

2. 调研目标

企业调研报告的总体目标是从我国农业高新技术企业本身出发，了解并掌握企业在研发、生产、经营过程中存在的各类问题，重点关注企业在进行科技研发过程中存在的各项政策需求，从而为国家相关部门制定政策提供依据。具体目标如下。

（1）了解我国涉农高企目前实际的发展规模、经营状况以及研发投入情况等。

（2）了解不同领域涉农高企目前研发的主要方向有哪些。

（3）找到不同领域涉农高企目前面临的主要问题。

3. 调研对象

本次调研对象主要针对农业高新技术企业，从种业研发、农产品加工、农机农资生产、生物医药、技术推广及服务 5 个领域，抽取 200 个涉农高企样本，样本范围涵盖北京、河北、山东、江苏、湖南、广东、广西、重庆、辽宁、内蒙古、云南、新疆等东西

南北各个地区。无论从区域空间上还是企业类别上，样本选择尽量更加广泛，涉足更多领域，但由于样本数量有限，调研结果仅供参考。访谈对象包括地方科技主管部门负责人、国家农业科技园区主要负责人和农业高新技术企业负责人。

4. 调研方法

选择的调查方法主要是问卷填写、电话访谈和文献资料搜集，运用分类比较和因素分析等模型，研究我国目前各类涉农高企的发展现状、研发投入情况以及面临的问题等，通过从财税、金融、项目、人才等各方面影响因素的分析，总结提炼农业高新技术企业的各项政策需求。

（二）调研情况总结分析

1. 调研样本总体情况

此次调研的200家企业样本按照产业链和技术创新方式划分为五大类别，分别为种业研发类、农产品加工类、农机农资生产类、生物医药类、技术推广及服务类。从抽取的200个样本中发现，农机农资生产类的企业样本数量最多，有56个，其次是种业研发类企业样本，数量为47个，再次是农产品加工类企业样本，数量为43个，最后是生物医药和技术推广及服务类的企业样本，数量均为27个。

2. 研发投入情况的分类比较

在200家抽样的涉农高企样本中，对不同类别企业研发投入占企业总营业收入的比例计算平均值得出，占比最高的类别是种业研发类企业，研发投入占比达到8.9%，往后排名依次是生物医药类企业、技术推广及服务类企业、农机农资生产类企业和农产品加工类企业，研发投入占比分别为6%、5.7%、4.3%和3.4%。通过对200个样本的调研发现，近三年内大部分企业的研发投入是增加的，少数企业的研发投入是减少的，其中研发投入增加的企业有175家，减少或者保持不变的企业有25家，有80%的企业在未来有增加研发投入的计划。

3. 研发影响因素的比较分析

通过调研发现，目前对企业研发投入程度影响最大的因素有五个，一是税收优惠，二是科研项目支持程度，三是金融支持政策，四是专项资金支持，五是平台建设、技术支持、人才支持等其他方面。我们采用因素分析法，对影响到企业科研投入的因素进行数据对比分析，得出企业对五个因素的重视程度占比情况如图5-1所示。可以看出，对农业高新技术企业来说，对于专项科研资金支持最为关注，其次是科研项目的支持、低息贷款等金融政策的支持以及人才等其他方面支持，认为最不能带来直接效果的就是税收优惠政策。

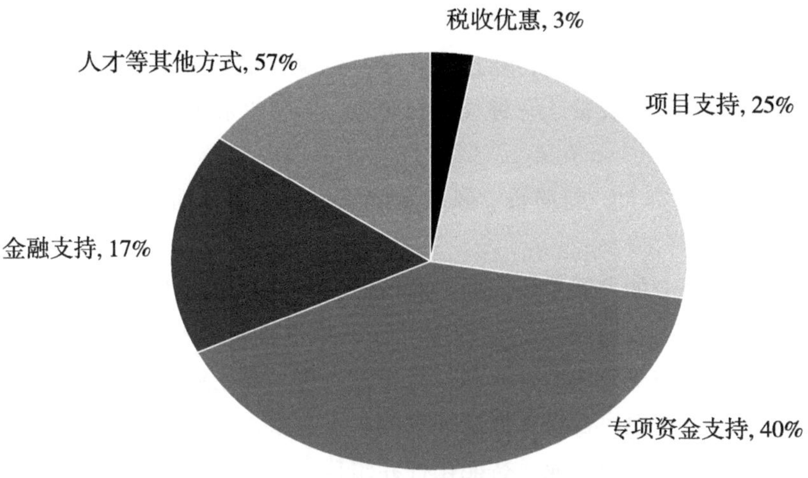

图 5-1　企业对五个因素的重视程度比较

（三）企业存在问题分析

1. 共性问题

通过调研发现，农业高新技术企业目前存在的共性问题主要有以下几个方面。

（1）除农业产业化龙头企业之外，大量涉农高企规模较小、发展缓慢、市场竞争力不强。

在我们调研的 200 个样本中，除了研发投入较高的“丹东登海良玉种业有限公司”“内蒙古草原晶鑫食品有限公司”等规模上亿元的企业科研平台设施健全、科研团队实力雄厚外，绝大多数农业企业规模小，销售收入在几百万元到几千万元不等，而且利润率低，处于产品加工的初级或中级阶段，产品品质和种类差异不大，加工类企业正在拓展精深加工的起始阶段，缺乏市场竞争力。种业研发类企业整体水平在国际市场上相对落后，原始创新不足，研发结构失衡。其他类型企业也普遍存在这个问题，企业规模较小、技术水平不高，从整个农业科技的发展来看，头部企业不够强，拉动机制未形成，高新技术企业不够新，科技型中小企业不够足。在涉农高企的调研中可以分析出农业科技发展的最大短板在于创新主体（企业）的成长机制尚不成熟，内生动力激发不够。

（2）企业的创新意识具有局限性，缺乏长期的研发投入计划，科技创新呈现出力不从心的状态。

多数企业表示已经意识到科技创新成了企业未来发展的灵魂，但是对于如何组织创新、如何抓住政策机遇、如何使用科研经费、如何提高创新效率等方面存在知识局限，致使在操作上裹足不前。比如大部分企业的创新属于“市场拉扯”型，当一个产品的市场需求很大，并且对新品种的更新速度要求变高时，企业的研发投入大幅增加，而当市场需求相对平稳时，则出现研发投入下降或停滞现象，企业引领创新或长期创新的意识较差。即便有些企业持续在进行新技术开发，也没有根据企业的战略发展制定明确的研发投入计划，对长期研发缺乏一种长久安全感，随机性和变化性较强。长此以往企业呈现出力不从心的疲态。

（3）农业项目投资大、周期长、风险大的特性带来的农业产业整体发展环境上的制约。

农业高新技术企业的发展受到农业产业特性和我国农业现代化所处阶段的影响，具有与生俱来的弱质性。农业项目的投资风险，造成农业高新技术企业负担不起长期投入。此外，科技研发需要专业的人才和公共设施支持，靠企业自身很难解决。在新技术的使用和推广上，由于农民自身掌握高技术的水平有限，也给农业生产企业增加了项目成本。尤其是一些从事智慧农业、智能化种养殖技术等的新型农业企业和科技服务类企业在做市场培训与推广时压力较大，造成涉农高企的项目投资风险显得更加复杂。

（4）政府对于高新技术企业的财税政策支持具有普惠性，对涉农高企效果不佳。

调研样本中有97%的企业表示，目前的财税政策对促进企业增加研发投入的效果不大，这里的财税政策主要指在《企业所得税法》里规定的“对高新技术减按15%征收企业所得税”以及“国家税务总局关于企业研发费用税前加计扣除”的规定。首先，研发费用税前加计扣除的适用范围已经扩展到所有企业，不是针对高新技术企业的专项优惠；其次高新技术企业的所得税优惠是针对所有类型的高企，未顾及涉农高企的特殊性。对所有涉农类的企业来讲，本身在种植环节、农作物的初加工以及蔬菜、肉蛋类等产品的流通环节，国家都有免税政策，所以获批为高企之后，也未享受到更多优惠。此外，在财政政策上没有对科技研发进行直接的资金补贴或资金奖励。

（5）企业缺乏有效的金融支持，金融机构尚未将灵活有效的金融服务落实到企业。

国家相关部门近几年频繁出台针对农业企业的金融政策，比如鼓励金融机构加大对农业企业的支持范围、优先考虑农业企业的贷款计划、扩大贷款抵押物范围、发放低息或贴息贷款、探索多元化的新型金融产品；鼓励社会资本参与到农业项目中来，引导风险投资基金、创投基金等进入。但金融政策并未落实到实际运行当中，对涉农高企也没有特别的金融支持产品和贷款政策，企业在研发环节既得不到贷款，也很难获得风险投资。绝大多数民营企业仍然是依靠自有资金投入，不能建立灵活有效的金融机制和合作模式，极大制约了企业的创新能力和整个农业科技的发展速度。

（6）项目资金的申报和审批受限，企业前置配套研发资金数量大，奖励方式和风险机制不佳。

目前政府部门对研究院所、科研院校、事业单位的项目支持力度比较大，很多农业科技项目并没有分配到涉农高企。企业使用项目资金的意愿不强，因为项目资金的立项和审批程序较长，对企业的要求较高，前期需要配套一定比例的资金（1∶1 或更高），仍然不能解决企业前期资金投入压力大的问题。而且在项目研发和资金使用过程中，评估和监管机制过于僵化，农业项目的复杂性使得研发中存在设施和方案上的变化，但在项目评估不予考虑这些弹性因素。另外，研发的风险补偿机制没有，企业在项目研发失败后得不到一定的资金补偿。

（7）高企对农业技术的需求与供给严重不匹配，研发储备、供给能力以及市场导向均不足。

在成为高新技术企业后，企业并没有明显感觉到来源于政府对于产业发展的市场引导、信息输送、公共基础技术等的服务。高企对于农业技术的需求增加了，但供给跟不上。比如在调研中发现，很多企业在有关分子育种、生物固氮机制、植物纤维裂解机理、天空地数字农业等技术需求方面均无法得到满足，导致此类企业在技术上始终没法跟上世界先进水平，在关键核心技术上受制于人。这不仅关系到企业无法形成核心竞争力，也有一些领域面临着农业安全问题。

（8）与科研机构的合作机制不够灵活和深入，缺乏政府的有效引导和组织管理。

一是在与科研院所建立合作方面存在渠道障碍，一些中小企业尤其是初创企业，不受科研院所的研发团队青睐。现在多数涉农企业与科研院所的合作模式是购买其专利技术或者合作开发，普遍存在购买或合作成本高的问题。科研院所更愿意使用国家拨付的项目研发资金而不愿意跟企业合作，觉得民营企业的项目研发资金使用要求高、风险大。二是科研成果的产业化障碍，科研院所的研究成果与企业和市场需求之间存在错位。60%的受访企业表示近 3 年科技成果的利用率不足 20%。基础研究、应用基础研究和应用开发研究相互脱节，缺乏产业链上下游的协同和产学研的相互协作。在科研院所的实验室研究和成果转化之间缺乏渠道和机制，导致企业在寻找创新资源的过程中耗费大、成功率低，影响其加强研发投入的积极性。

（9）缺乏研发平台、人才、设备等的大配套，创新创业生态不完善，资源配置效率低。

占农业高新技术企业 80%以上的民营企业没有自己建设研发平台、吸引高技术人才、购买研发设施等的能力。近年来政府也在积极进行农业科技园区等的建设，打造星创天地、农业科技孵化园等项目，支持农业领域创新创业，引入各类服务机构对企业进行辅导。但企业需要的不是单纯对某一项技术或某一个产品的资金扶持，而是需要政府在购买研发设备、打造试验场所、人才引育方面构建服务体系。企业未感受到政府在创新上的引导作用，要素之间的投入关联性不强，导致资源配置效率不佳，没有做到从产业链的角度去打造创新链，农业的创新创业生态尚未形成。

（10）企业发展存在单打独斗状态，政府对产业缺乏总体规划，未能形成集群发展的高效协作模式。

大部分涉农高企的科技研发停留在新产品、新品种的开发或者营销物流体系建设上的技术开发，有能力进行重大关键技术研发的只有少数实力雄厚的大企业，大企业已经形成完整的产业内部生态系统，但广大中小企业呈现出来的单打独斗的状态制约了对某些公共技术的研发深度和产业技术集群的构建。多数企业表示对企业发展和产业前景较为迷茫，政府没有帮助企业进行对整体产业的规划以及成立一些产业技术创新联盟等机构，或者有建立此类机构的却不能发挥实际作用，未能实现对全产业链各个环节的技术支撑。

2. 个性问题

(1) 部分企业反映出企业的自主创新行为、知识产权管理与创新绩效彼此之间关联度不够的问题。

技术发展的周期性、波动性和阶段性对企业的专利管理提出新要求。企业研发生产等部门与知识产权管理部门沟通少，忽视技术和产品的生命周期规律，企业研发创新过程中不注意保护知识产权，在利用外部创新资源时缺乏风险规避意识，造成创新绩效低下、产品质量不高，对部分企业而言也是挫伤其研发投入积极性的因素之一。

(2) 关于前期研发的土地租赁费、土地使用税、原材料采购费不能计入研发费用的问题。

涉农企业的研发不同于工业企业，很多实验不是在实验室进行，而是在田间地头，比如种苗研发、水产品新品种的研发等，前期需要租赁农户的土地或养殖池、购买原料进行实验，这些费用大多不能计入研发经费里。另外，企业用地一般按照工业用地划分，每年的土地使用税很高，种业企业是免税的，但用来进行研发实验或产品测试的土地仍然需要缴纳土地使用税。

(3) 对种业领域的科研项目主体限制和市场需求错位问题。

种业科研项目一般都集中在国家农科部门和大专院校，对企业没有科研项目，比如转基因等课题，不允许企业承担，但是科研院所培育的新产品大多不符合市场需求。国家种业提升项目评估和立项过程过长，国际上种业研发的发展速度之快导致项目开始启动研发时已经落后于国外最新技术。存在着企业的研发走在政府项目之前，而企业的资金又远不能满足项目研发所需的问题。

(4) 国家某些领域的补贴目录老化，不能适应企业的发展需要。

比如受访企业中的智能技术类企业，关于农牧业机械现代化产品、软件硬件等新技术设备等都不能享受农机补贴政策。国家农机补贴目录老化，不涉及智能化产品，导致现在一些新型科技企业的产品进不到补贴目录，使得项目在前期研发中的大量资金无法找到政策支持的口子。

(5) 对于一些特色产品的推广缺乏市场引导，导致推广环节风险高。

对于一些特色农产品的开发和生产企业，面临的最大问题是市场认知度的问题，比如受访企业中的非遗手工艺品生产企业和智能化农业产品开发企业，急需要通过各种宣传打开市场，让受众提高对产品的认知度和接受意愿，同时加强对“原发”（原始研发）产品的保护。

3. 隐性问题

（1）涉农高企科技创新“三项能力”长期来看存在隐忧，“企业创新能力建设”没有制定系统方案。

农业高新技术企业的研发能力包括三方面：技术吸收能力、应用能力、创造能力。调研中各类涉农企业还没有建立“三项能力”的知识概念，只能看到企业缺资金、缺人才、缺项目，但是没有“向内看”的意识，如果政府各方面配套政策都到位，但是企业的内生动力即造血功能不构建，则农业科技发展的核心问题无法解决，企业创新仍缺乏后劲。而现状呈现出企业在“三项能力”上的齐平态势，每项能力都不突出，国家和地方政府缺乏在“企业创新能力建设”上的系统方案，用来作为企业内部创新能力培养法则。

（2）“从基于企业看企业”到“基于企业看产业”的思维体系尚未建立，政策实施缺乏抓手，效果和质量存在隐忧。

在调研中多数企业表示，目前针对农业的各项财税和金融政策已有很多，有些不适应市场需求，企业不愿意承担；企业想申报的，又限制颇多，多数由龙头企业或者各个科研院所承担。政策激励极大提高了科研机构获取课题和项目的积极性，但竞争导致了科研工作的碎片和分散化，企业和各科研院所都基于自身的发展需求和利益需要考虑，而没有产业层面的顶层视角，不利于完善创新链条的构建和重大成果的形成。在政策实施上如果各地政府缺乏统筹规划和长远思考，会影响到整个农业产业科技发展的进程，也不利于企业的可持续发展。

（3）对于农业科技战略问题和解决方案研究不足，管理部门之间政策制定的沟通机制不完善，发展环境存在隐忧。

在农业科技发展方面我们属于后发国家，目前在顶层设计上还不够重视，缺乏专业规划，导致在重大政策实施上容易出现各种偏差，不能完全忽视全局性决策失误的风险。在深入研究并及时总结科技与经济的有效结合模式、化解各种体制机制性障碍方面没有足够的解决方案。另外，对于农业科技来讲，目前农业农村部和科技部都有政策支持，项目之间存在交叉和同质性，不利于整合项目资金发挥政策合力，而且在初创企业进行创业项目申报或参加创新创业大赛时容易处境尴尬，没有针对现代农业的专门项目类别。农业科技发展的政策环境有待进一步改善。

（四）企业政策需求分析

通过对影响企业研发投入的要素分析，调研结果显示农业高新技术企业对于直接的科研资金补贴最为关注，其次是科研项目的支持、低息贷款等金融政策的支持以及人才等其他方式支持，税收政策是最不能影响其研发投入比例的因素。

1. 财税政策需求

在科研环节普遍需要政府直接的资金支持，最好是前置支持或后补奖励。比如从种业研发类、农产品加工类、技术服务推广类等不同类别企业出发，设定每一类企业的资金奖励标准，在当年达到一定额度的研发投入或者当年研发投入占比提高一定百分点又或者对当年研发投入较上年增加的部分予以一定比例的资金奖励。此外，对于涉农高企多进行一些其他方式的资金直奖，数额可以十万元到几十万元不等，比如针对专利、获奖项目或某一领域的创新成果奖补等。

在现行的研发费用加计扣除政策基础上，针对涉农高企专门设定研发费用的统计范畴，将初期的试验费用（土地租赁费、人员雇用费、原料采购费等）都纳入计算范围内。

在设备改造升级、科研人员待遇等方面给予直接资金支持。在新产品研制生产的一到两年内给予一定额度的税收减免，帮助新产品开拓市场。

2. 金融政策需求

一是扩大贷款抵押物范围。将滩涂（海域）使用权、知识产权、林木资源等都纳入抵押物范围内，设定专门的价值评估标准和前置件审批程序。政府和银行拟定实施细则确保可以操作。

二是降低贷款利息。加大对涉农高企的低息贷款发放力度。可以针对研发投入发放低息的“研发贷”，建立“政府+银行+企业”三方合作机制，由政府相关部门核定企业每年的研发费用并提供担保，可以根据连续两年企业的研发费用情况给予一定规模的授信，专门用于企业进行科技研发。

三是优化贷款审批程序。针对农业项目研发周期长、资金需求量大的特点，简化贷款审批程序，缩短审批时间，延长贷款期限。

四是成立农业创业投资基金。加强风险投资引进力度，建立重点农业科技项目库，优先选择入库企业进行投资，探索多种社会资本合作方式。

五是建立农业研发项目风险补偿机制。对于各类用于重点科研项目的资金，包括企业自有资金和金融机构投资建立风险补偿机制，对于某些特定因素造成的项目中断或研发失败，给予一定比例的资金补偿。

3. 项目支持需求

科技部门对于涉农高企制定农业科技类重点支持项目清单，明确每一类项目的资金支持政策和申报要求。及时更新项目库，确保项目能够符合市场需求。在项目申报条件上放宽，更多支持中小企业开展自主研发或科研合作，鼓励科研院校积极与涉农高企联合申报项目。在项目资金使用要求上，适当降低企业的配套资金额度，考虑对于重点科技攻关项目先行拨付项目资金。在项目资金使用的考核管理上增加灵活性，根据科研过程中的条件和要素变化，允许实际资金使用与立项报批时的计划有一定范围内差异。

4. 平台建设需求

在科研平台的建设和合作上需要政府引导并支持。企业自己建设科研平台（实验室、技术中心、院士工作站等）存在困难，在寻找科研院所和科研团队方面需要政府推荐和帮助，将更多的智力资源引入中小企业。需要政府搭建公共技术服务平台，包括硬件设施和软件服务，帮助企业购置科研设备设施或者建立科研资源共享机制。建设企业科技信息服务平台，为企业提供国内外农业技术、企业、金融机构、产品需求等信息。充分利用国家农业高新技术产业示范区、国家农业科技园区的创新资源集聚优势，加快各类科研平台的建设和引入，让企业发展进入高平台和快车道。

5. 服务体系需求

建立面向企业全产业链发展需求的服务体系，在资金、人才、技术、市场各方面提供一条龙服务。真正发挥农业科技企业孵化器等的作用，搞活创新创业氛围，解决企业孤军作战的问题。组织域内企业进行合作交流，加强科技和经济合作，让企业能感受到政府高度重视、企业创新热情高涨的整体氛围。尝试成立或发挥现有产业技术创新联盟的作用，能够通过联盟找到企业对于不同产品和工艺的研发团队进行合作，减少企业前期的技术引入成本。希望国家能多出台有利于招引高层次人才的政策，可以考虑直接补贴给科研院校，让其与企业合作时降低成本。

6. 发展环境需求

希望为涉农企业开设绿色服务窗口，真正出台专门针对农业高新技术企业的政策，并加强对政策实施的绩效考核。国家层面和省级层面出台的政策很多，但是能落实到企业身上的很少，需要政府在农业科技管理的体制机制、管理政策等方面出台相关文件，可以考虑组建涉农高企服务部门，在申报之初加强宣传和辅导并给予奖励资金，申报成功后给予全程技术支持，在发展过程中制定培育方案，切实帮助企业增强综合实力，力争培育成为行业龙头企业。

（执笔人：李文辉 段铮 杜婷）

二、我国农业高新技术企业发展政策建议报告

面对新时期农业现代化、产业化、国际化迅速发展的经济环境，我国农业科技的短板也越发明显暴露出来。其中农业高新技术企业（也称“涉农高企”）作为农业创新

主体，存在规模小、数量少、发展缓慢、创新动力不足等问题，极大制约了我国农业科技发展的速度和水平。激发农业高新技术企业的创新动力和能力对提升我国农业科技的整体竞争力至关重要。此报告通过大量的调研和样本采集，对现有政策进行分析，提出关于促进农业高新技术企业发展的政策建议。

（一）农业高新技术企业发展现状

1. 总体发展情况

随着国家农业科技园区、国家农业高新技术产业示范区等涉农类科技园区的不断发展，我国农业高新技术企业的数量也在不断发展壮大。截至2018年底，我国高新技术企业总数已达18.1万家，其中涉农类的高企数量已超8 900家，主要集中在育种（蔬菜、果苗繁育）、粮油加工、果蔬加工、农机装备、生物医药等领域。近年来，涉农高企数量虽然不断增加，但在所有高企总数中的占比仍较低。在研发投入方面，我国长期以来从政府层面到企业层面，对于研发的投入力度明显不足，2009年以来我国每年在农业科研经费上的投入占全国总科研经费的比重始终维持在6.4%~7.4%，2012年后还出现了下降趋势，农业科研投资强度目前仅约为0.6%，严重低于发达国家和世界平均水平，也低于全国科研投资强度的平均数。涉农高企的研发投入占比近年来虽有所提升，但仍远低于全国研发投入平均水平，农业科技投入主要依靠政府。

2. 调研结果分析

为了深入了解涉农高企的发展现状以及国家政策在实际实施当中的效果和问题，我们从北京、河北、山东、江苏、湖南、广东、广西、重庆、辽宁、内蒙古、云南、新疆等地抽取了200个企业样本进行调研和访谈。分析发现，我国农业高新技术企业主要集中在种业研发、农产品加工、农机农资生产、生物医药、技术推广及服务五大领域。在200个企业样本中，农机农资生产类的企业数量最多，其次是种业研发和农产品加工类企业，最后是生物医药和技术推广及服务类企业。反映出我国农业高新技术企业更多集中在育种、农机农资以及加工等传统研发领域，对于生物医药以及技术推广等新兴产业领域涉足还相对较少。另外，样本企业中研发投入占比最高的是种业研发类企业，占比达到8.9%，往后排名依次是生物医药类、技术推广及服务类、农机农资生产类和农产品加工类企业。

通过调研还发现，目前对企业研发投入程度影响最大的因素有五个，分别是税收优惠、科研项目支持、金融机构低息贷款等金融政策、专项资金支持以及人才等其他方面的支持。经过数据对比分析发现，对农业高新技术企业来说，对直接的科研资金支持最为重视，其次是科研项目的支持、低息贷款等金融政策的支持以及人才等其他支持，对税收优惠的关注程度最低。

（二）企业发展存在的主要问题及形成因素

我国农业科技发展总体上存在着创新体系不健全、投入总量不足、成果转化率不高等短板，全国的农业科技资源尚未得到有效配置、科技推广总体效率偏低。农业高新技术企业的突出问题体现在规模小、数量少、研发投入低。结合样本分析，得出以下具体问题及其形成因素。

1. 农业产业的弱质性和现代化阶段造成我国涉农高企整体发展速度慢、规模小、数量少

农业具有项目开发周期长、投入大、风险高的弱质性，加之我国农业现代化尚处于发展期，致使全社会对农业的整体投入严重不足，各种资源要素不能够有效匹配，我国农业的规模经营仅仅为日本和韩国的1/3，欧盟的1/40，美国的1/400。此外，绝大多数农业企业规模小、利润率低，处于产品加工的初级或中级阶段，产品品质和种类差异性不大。种业研发类企业整体水平在国际市场上相对落后，原始创新不足，研发结构失衡。涉农高企发展需要的资金、人才、技术各方面要素的供给不足造成发展缓慢、规模小、数量少。此外，头部企业不够强，拉动机制未形成，高新技术企业不够新，科技型中小企业不够足，都致使农业高新技术企业的整体发展不佳。

2. 政府财税支持政策的普惠性无法激发涉农高企增加研发投入的积极性

调研样本中有97%的企业表示，目前的财税政策对促进企业增加研发投入的效果不大。这里的财税政策主要指在《企业所得税法》里规定的“对高新技术企业减按15%征收企业所得税”以及国家税务总局关于企业研发费用税前加计扣除的规定。对所有涉农类的企业来讲，本身在种植环节、农作物的初加工以及蔬菜、肉蛋类等产品的流通环节，国家都有免税政策，获批为高企后也未享受到更多优惠。研发费用加计扣除的计算范围没有考虑农业项目研发的特殊性，很多农业项目的前期试验在田间地头，但是土地租赁费、原料购买费等均不在研发费用的扣除范围内，导致此项优惠政策显效有限。此外，在财政政策上没有对科技研发进行直接的资金补贴或资金奖励。对于涉农高企采用与工业企业一样的高新技术企业税收减免，政策的发挥空间极为有限，不能起到激发涉农高企加强科技研发的效果。

3. 金融政策实际实施当中存在的障碍导致涉农高企无法获取有效的金融支持

国家相关部门近几年频繁出台针对农业企业的金融政策，比如鼓励金融机构加大对农业企业的支持范围、优先考虑农业企业的贷款计划、扩大贷款抵押物范围、发放低息或贴息贷款、探索多元化的新型金融产品等，但并未落实到实际运行当中，对涉农高企也没有特别的金融产品和贷款政策，企业在研发环节既得不到贷款，也很难获得风险投资。商业银行作为政策的实施方，涉农企业的信贷风险问题使其难以成为处于起步阶段高新技术企业的主要金融支持机构，不能建立灵活有效的金融机制和合作模式。金融资

本的有效支持不足制约了涉农高企科技研发项目的深入开展。

4. 科研项目的申报和审批要求造成多数涉农高企申报意愿不高或无法得到项目支持

一是政府部门对科研院所、事业单位的项目支持力度较大，很多涉农类科技项目并没有分配到企业。虽然政府鼓励企业与科研院所联合申报，但除了龙头企业之外，大量中小企业合作机会有限。二是项目资金的立项和审批程序较长，对企业要求较高，前期需要配套一定比例的资金（1∶1 或更高），导致企业使用项目资金的意愿不强。三是在项目研发和资金使用过程中，评估和监管机制过于僵化，农业项目的复杂性使得研发中存在方案上的变化，但在项目评估不予考虑这些弹性因素。四是研发的风险补偿机制没有，企业在项目研发失败后得不到一定的资金补偿。

5. 政府缺乏研发平台、人才、设备等配套供给导致涉农高企无法得到全面的技术支撑

高企对于农业技术的需求增加了，但供给跟不上，很多企业在有关分子育种、生物固氮机制、数字农业等技术需求方面均无法得到满足，导致此类企业在技术上始终没法跟上世界先进水平，在关键核心技术上受制于人。此外，在农业高新技术企业中，有80%以上的民营企业没有自己建设研发平台、吸引高技术人才、购买研发设施等的能力，而政府在购买研发设备、设立试验场所、加强人才引育方面缺乏配套服务，软硬件设施建设不完善导致涉农高企无法共享到公共资源，制约其科技研发创新水平的提升。

6. 企业自身创新意识的局限性导致企业缺乏长期研发投入计划，科技创新呈现出力不从心的状况

调研的多数企业表示已经意识到科技创新对企业未来发展的重要性，但是对于如何组织创新、如何抓住政策机遇、如何使用科研经费、如何提高创新效率等方面存在知识局限，致使在操作上裹足不前。比如大部分企业的创新属于“市场拉扯”型，当一个产品的市场需求很大，并且对新品种的更新速度要求变高时，企业的研发投入大幅增加，而当市场需求相对平稳时，则出现研发投入下降或停滞现象，引领创新或长期创新的意识较差。即便有些企业持续在进行新技术开发，也没有根据企业的战略发展制定明确的研发投入计划，对长期研发缺乏一种长久安全感，随机性和变化性较强。这些都影响涉农高企整体的发展速度和可持续性。

7. 涉农高企与科研机构的合作机制不够灵活和深入造成企业很多研发项目进展受阻

一是在与科研院所建立合作方面存在渠道障碍，一些中小企业尤其是初创企业，不被科研院所的研发团队所青睐。现在多数涉农企业与科研院所的合作模式是购买其专利技术或者合作开发，普遍存在购买或合作成本高的问题。科研院所更愿意使用国家拨付的项目研发资金而不愿意跟企业合作，认为民营企业的项目研发资金使用要求高、风险大。二是科研成果的产业化障碍，科研院所的研究成果与企业和市场需求之间存在错位。60%的受访企业表示近 3 年科技成果的利用率不足 20%。基础研究、应用基础研究

和应用开发研究相互脱节，缺乏产业链上下游的协同和产学研的相互协作。在科研院所的实验室研究和成果转化之间缺乏渠道和机制，导致企业在寻找创新资源的过程中耗费大、成功率低，影响其加强研发投入积极性。

8. 农业的创新创业生态不够完善影响了农业科技创新的整体速度和质量

近几年政府加强创新创业生态的打造，积极进行国家农业高新技术产业示范区、国家农业科技园区等国家级平台的建设，打造星创天地、农业科技孵化园等项目，支持农业领域创新创业，引入各类服务机构对企业进行辅导。但存在物理空间建设与创新创业服务之间不平衡的问题，多数涉农高企仍然未感受到浓厚的创新创业氛围。政府在创业孵化项目的支持上对涉农企业重视程度不够，在对农业创新上引导不够，创新要素投入之间的关联性不强，导致资源配置效率不佳。没有做到从产业链的角度去打造创新链，农业的创新创业生态不完善影响了涉农高企的创新势头。

9. 政府对产业缺乏总体规划和农业高新技术专项规划，导致企业发展存在单打独斗状态，未能形成集群发展的高效协作模式

大部分涉农高企的科技研发停留在新产品、新品种的开发或者营销物流体系建设上的技术开发，有能力进行重大关键技术研发的只有少数实力雄厚的大企业，大企业已经形成完整的产业内部生态系统。但广大中小企业呈现出来的单打独斗状态影响了对某些公共技术的研发深度和产业技术集群的构建。多数企业表示对企业发展和产业前景较为迷茫，政府没有帮助企业进行对整体产业的规划，帮助建立一些产业技术创新联盟等机构，实现全产业链各个环节的技术支撑。专项规划的缺失导致无法更好地按照产业链和价值链布局创新链，形成科技类中小企业到农业高新技术企业再到龙头企业的发展机制，打造多种企业协作共生的产业集群。

10. 农业科技推广在实际操作中的复杂性致使总体效率偏低，对一些涉农高企的产品市场化带来困难

对于一些特色农产品的开发和生产企业，面临的最大问题是市场认知度的问题，比如在调研中有非遗手工艺品的生产企业和智能化农业产品开发企业，急需要通过各种宣传打开市场，让受众提高对产品的认知度和接受意愿，同时从政府层面加强对“原发”（原始研发）产品的保护。特别是在新技术的使用和推广上，由于农民自身掌握高技术的水平有限，也给企业增加了成本。对于智慧农业、智能化种养殖技术等新型农业领域，科技服务类企业在做市场培训与推广时压力较大，造成涉农高企的项目投资风险更复杂。

除了上述造成农业高新技术企业数量少、规模小、发展缓慢、研发投入低等主要短板的具体问题和因素之外，还不能忽视农业科技发展总体上存在的隐性风险。如涉农高企科技创新“三项能力”（技术吸收能力、应用能力、创造能力）长期来看存在隐忧，“企业创新能力建设”尚未制定系统方案；“从基于企业看企业”到“基于企业看产业”

的思维体系尚未建立，政策实施缺乏抓手，效果和质量存在隐忧；对于农业科技战略问题和解决方案研究不足，管理部门之间政策制定的沟通机制不完善，发展环境存在隐忧等。

（三）相关政策建议

在调研中对影响农业高新技术企业研发投入的因素进行了关键性排序，并且了解了企业的政策需求。结果显示企业对于直接的资金补贴最为关注，其次是科研项目的支持、低息贷款等金融政策的支持以及人才等其他方面的服务，税收优惠政策的影响程度最低。企业的需求集中在“创新资源”上，即土地、资金、设备、人才、技术、服务等方面的扶持政策。政策制定的目标围绕如何促进农业高新技术企业的发展，政策制定的原则是坚持“输血”和“造血”并重，不是简单满足企业的表层需求，而是打一套政策组合拳，同时解决“输血”和“造血”的问题。政策实施策略上做到“刚柔并济”，把握好“输血量”和“造血量”的平衡配比，最大化提升政策实施绩效。

因此我们制定分级分类的“三维施政”方法，从政策性质上分为：刚性政策（硬钢）、柔性政策（曲线）、中性政策（平衡）。其中财税政策给予企业直接的资金补贴，多为刚性政策；金融政策能通过多种金融产品和合作模式帮助企业发展并且未来会成为主要的扶持方式，多为柔性政策；而发展环境、管理机制和创新创业生态等外部资源的支持政策起到平衡创新资源配置的作用，多为中性政策。围绕我国农业高新技术企业存在的四个突出问题，提出以下政策建议。

1. 增加农业高新技术企业规模数量方面

（1）完善农业高新技术企业培育和发展体系。

一是扩大现有《高新技术企业认定管理办法》中的国家重点支持的高新技术领域的行业范围，或者根据农业企业制定一个《农业高新技术企业认定管理办法细则》，建立国家重点支持的农业高新技术领域的行业细分目录，除了现有的农业生物技术之外，增加农业智能化设施设备、农产品精深加工等领域以及其他新型农业产业，分为几大类设置差异化指标，使农业高新技术企业的申报能够面向更多农业企业。

二是加强对企业的前期培育，各地建立农业高新技术企业培育库。将符合一定标准的科技型中小企业，纳入农业高新技术企业培育库。成立涉农高企培育基金，主要由地方政府财政资金构成，对“入库”企业建立“出库”奖励机制，根据企业的出库时间不同设置不同金额的出库资金奖励。也可探索金融机构参与模式，针对某些技术创新程度高、发展前景好的入库企业进行培育基金扶持。对所有入库企业实行免费辅导，帮助企业开展申报认定工作。形成“引进一批、培育一批、成熟一批、认定一批”的动态管理机制。

（2）发挥高新技术培育载体的主动性。

发挥国家农业高新技术产业示范区、国家农业科技园区以及地方等高科技园区的平台载体作用，加快产业集群培育、科研机构引入以及各项服务设施的建设，提升对农业高新技术企业的吸引力和服务能力，同时农业高新技术企业每年的培育数量作为园区考核的一项关键指标，并提升该项指标的权重。加强对农业科技企业孵化器的支持，加大宣传引导和交流活动，将初创企业的孵化作为一项重点工作。

（3）加强对农业高新技术企业在认定之后的跟踪辅导。

建立“后辅导机制”，鼓励涉农高企的持续性研发，引导其向龙头企业发展。建立“农业高新技术企业服务信息平台”，汇集国内外各类研发机构、机械设备、新产品新品种、农业技术、市场需求等信息，加快涉农高企的新产品投放市场的速度，缩短寻找技术合作或成果应用的时间，为企业实现规模发展创造条件。

2. 提升农业高新技术企业发展质量方面

（1）加大对头部企业的培育支持力度，发挥龙头带动作用。

按照“加强自主创新能力特别是原始创新能力”的要求，强化头部企业在核心关键技术和重大科研攻关项目上的主体作用，进一步形成与国家科研院所的紧密合作机制，提升我国农业科技重大关键领域中的竞争力。成立“农业科技创新头部企业咨询委员会”，委员会制定标准、规则和纪律，承担重大技术研究、科技资源信息共享、质量提升服务等职能。发挥头部企业的合力与国外高端技术机构和企业进行交流合作。政府重点支持头部企业牵头省级以上科技计划项目建设和国家级研发平台搭建，建立农业龙头企业跟踪服务制度。针对高成长的、在比较高的市场容量赛道上的，并且有硬科技的新型涉农高企，设置“头部企业发展仓”，政府加强在资金、配套设施等各方面的支持。

（2）建立紧密的产学研用合作机制，建设科技成果转移转化公共服务平台。

加快科研成果从样品到产品再到商品的转化，在现有财政部、税务总局、科技部发布的技术转让和科技成果转化收入的所得税减免和资金奖励政策基础上，针对农业高新技术企业制定特别支持政策，科研院所与高新技术企业建立产学研合作基地或相关科研平台，在科研成果转化成功后，政府给予一定金额的资金奖励，鼓励科研院所与涉农高企合作承担科研项目，提高市场化率。建设科技成果转移转化公共服务平台，发挥大数据对农业科技项目的支撑作用。

（3）建立新型农业科技应用推广体系，提高推广效率。

在明确政府公益性和市场经营性农技推广范围的基础上，积极开展引入市场机制。明确政府农技推广部门在公益性技术推广上的主体地位，建立“政府+企业+农技推广员”的新型农业科技应用推广体系。对于农业高新技术企业的新技术应用、农户培训和市场推广上，在经政府相关部门认定之后，由政府引导、以企业为主体、农技推广人员由企业内部的技术人员和外部智力团队共同组成，政府按照农技推广资金的一定比例予以奖补。

3. 激励农业高新技术企业增加研发投入方面

（1）调整优化现有财税优惠政策。

一是在科研环节以前置支持或后补奖励的方式给予直接资金补贴。比如从种业研发类、农产品加工类、技术服务推广类等不同类别企业出发，设定每一类企业的资金奖励标准，在当年达到一定额度的研发投入或者当年研发投入占比提高一定百分点又或者对当年研发投入较上年增加的部分予以一定比例的资金奖励。此外，对于涉农高企多进行一些其他方式的资金直奖，数额可以十万元到几十万元不等，比如针对专利、获奖项目或某一领域的创新成果奖补等。

二是调整现有税收政策中关于税前研发费用加计扣除的研发费用计算范围。针对涉农高企专门设定研发费用的统计范畴，将初期的试验费用（土地租赁费、人员雇佣费、原料采购费等）都纳入计算范围内。

三是在设备改造升级、科研人员待遇等方面给予直接资金支持。在新产品研制生产的一到两年给予税收支持，比如一定额度的减免税收，帮助新产品开拓市场。

四是建立农业高新技术企业考核评价体系。针对涉农高企每年的研发投入情况、科技成果转化情况、科研平台建设情况、人才发展情况、企业信用情况等进行综合评定，由科技部门或者科技部门指定的中介机构进行评估。涉农高企可以根据评估结果或评估等级获得一定数额的研发资金奖励。

（2）实行更加灵活的金融政策。

一是扩大贷款抵押物范围。将滩涂（海域）使用权、知识产权、林木资源等都纳入抵押物范围内，设定专门的价值评估标准和前置件审批程序。政府和银行拟定实施细则确保可以操作。

二是降低贷款利息。加大对涉农高企的低息或贴息贷款发放力度。针对研发投入发放低息的“研发贷”，建立“政府+银行+企业”三方合作机制，由政府相关部门核定企业每年的研发费用并提供担保，可以根据连续两年企业的研发费用情况给予一定规模的授信，专门用于企业进行科技研发。

三是优化贷款审批程序。针对农业项目研发周期长、资金需求量大的特点，简化贷款审批程序，缩短审批时间，延长贷款期限。对涉农高企落实再贷款，对政策重点支持的农业项目开辟绿色通道。

四是加强创业投资基金，风险投资基金等社会资本的参与度。成立农业科技创新政府引导基金，建立重点农业科技项目库，优先选择入库企业进行投资，探索多种社会资本合作方式。可以建立风险投资行业协会，承担企业培训、项目评估、融资担保等功能，帮助涉农高企实现与风险投资的匹配和对接。

五是探索金融产品的创新。经过政府部门和银行共同研究，针对某些领域的科研项目设计专项科技类贷款产品。可以探索建立专门面向农业科技服务的科技银行。科技银行的运作形式、资本构成、组织结构等需根据实际情况由多方共同探讨和论证。

六是建立农业研发项目风险补偿机制。对于各类用于重点科研项目的资金，包括企业自有资金和金融机构投资建立风险补偿机制，对于某些特定因素造成的项目中断或研发失败，给予一定比例的资金补偿。

（3）加强“创新型企业家”精神的培育。

培育创新所依赖的企业家精神，使企业真正成为创新体系的主体和领头羊。高度重视企业家精神在科技创新中重要性。通过宣传和引导让企业家从根本上意识到创新在企业发展中的关键作用，主动创新，从长远来看是解决农业科技“造血”功能的基础。现阶段企业家更多是指“创新企业家”，政府要充分认识“优秀企业家精神”中民营企业创新发展的特质，对在科技创新中有较大进步、做出重要贡献的企业家给予更多鼓励、更强支持和更好服务。

4. 优化农业科技创新整体发展环境方面

（1）加大农业科技类园区对高企的政策支持力度。

国家农业高新技术产业示范区、国家农业科技园区等可以对在园区内租赁土地投资的涉农高企进行一定年限内的土地使用费减免；对于投资在一定额度之上，利用荒山荒地开展农业科技类项目企业，除补偿农民的费用外，可以无偿提供土地给企业使用；优先给涉农高企安排用地。

在园区兴建农产品加工、科技服务等高档设施的企业，免征市政公用设施建设费、绿化补偿费费等行政性收费；园区负责规划建设一定数量的专家公寓，视情况为专家和科技人员提供优惠住房。园区还可以在引进人才的落户、子女教育等方面制定切实的优惠政策，为涉农高企发展创造各项有利条件。

（2）全面构建农业科技创新创业生态。

鼓励各地加强现代农业产业集群建设和农业科技服务体系建设，构建良好的产业和技术发展软环境，建立农业科技发展生态圈，形成企业、资本、项目、人才、科研平台、服务机构于一体的高效协作系统。政府搭建公共技术服务平台，包括硬件设施和软件服务，帮助企业购置科研设备设施或者建立科研资源共享机制。充分利用国家农业高新技术产业示范区、国家农业科技园区的创新资源集聚优势，让企业发展进入高平台和快车道。尝试成立或发挥现有产业技术创新联盟的作用，组织域内企业进行合作交流，加强科技和经济合作。

（3）成立涉农高企服务部门优化管理机制。

为农业高新技术企业开设绿色服务窗口，专门组建涉农高企服务部门，由科技部门主管，加强对政策实施的绩效考核。在农业科技管理的体制机制、管理政策等方面出台相关文件，对初创企业、科技型中小企业、涉农高企等不同类型企业成立一对一服务小组，及时掌握企业需求，发挥涉农高企在园区建设和区域内农业现代化建设的主人翁意识，靠环境的改善激发企业创新的内生动力。

(4) 加强顶层设计为企业发展指明方向。

各级政府制定农业科技发展专项规划和主导产业的发展规划，对产业的整体布局、产业链、价值链和创新链的情况、产业和技术的发展趋势、市场需求和产业集群的培育路径进行全面分析，让农业高新技术企业对如何进行企业战略规划、制定科研投入计划、产品开发方向等有清晰的了解，增强农业项目科技研发的投资信心，实现农业科技的持续发展。

（执笔人：李文辉 段铮 杜婷）

三、华南农业大学与温氏集团合作创新模式案例研究报告

（一）温氏股份发展概要

温氏食品集团股份有限公司（简称“温氏股份”），创立于1983年，由原新兴县食品公司干部温北英先生停薪留职，联合温北英、温鹏程、严百草等七户八人自愿入股，每股1 000元，共集资8 000元，牵头创办了勒竹畜牧联营公司；1985年勒竹畜牧联营公司更名为勒竹鸡场；1989年创立了“公司+农户”的模式，之后公司以每年利润翻番的速度递增，到1993年与公司挂钩合作的养鸡户达2 500户，公司利润和农户利润分别达到1 041万元和1 198万元；1993年7月，经肇庆市政府批准，勒竹鸡场组建为新兴县温氏食品集团，1994年元月，新兴县温氏食品集团与新兴县食品公司签订联合创办新兴食品联营养鸡公司；1994年年10月，经省批准，改称为广东温氏食品集团有限公司；经过30多年的发展，现已发展成一家以养鸡业、养猪业为主导、兼营食品加工的多元化、跨行业、跨地区发展的现代大型畜牧企业集团。2015年11月，温氏股份在深交所挂牌上市（股票代码：300498）。2019年公司销售肉鸡9亿多只、肉猪1 850万多头，公司实现营业总收入为732亿元，利润总额达147亿元。

（二）校企产学研合作历程

1. 前期松散合作（1983—1992年）

温氏股份创立初期，其前身勒竹鸡场合作农户少，公司邀请华南农业大学（以下简称“华南农大”的专家担任技术顾问，举办农户养殖技术培训班，请华南农大的育种、营养、养殖、禽病、营销、管理等老师到公司讲课，基本上能满足公司的发展需要。1989年针对肉鸡市场深度疲软，养户的鸡卖不出好价钱，公司实行“保价收购”政策，

运用综合效益促进产品流通，创立“公司+农户”模式；1990年，勒竹鸡场开始发行职工内部股票，共发行1万张，每张面额100元，实行全员股份制，公司员工既是劳动者，又是公司主人。

2. 合作起步阶段（1992—2006年）

“温氏”创办近10年来，在华南农大专家的指导下，技术上有了保障，实行“公司+农户”“全员股份制”的经营模式以及“保价收购”政策，公司员工、养殖农户的积极性得到充分发挥，规模不断扩大，学校松散的专家顾问、技术指导、技术培训已经不能满足公司经营需求，1992年8月，勒竹鸡场与华南农大动物科学系签订长期技术合作协议，标志着华南农大与温氏集团的合作正式拉开序幕。在合作起步阶段，双方合作取得6项标志性成果。1992年8月，勒竹鸡场与华南农大动物科学系签订长期技术合作协议，华南农大与温氏集团的合作正式启动。华南农大的加盟，现代企业制度逐步建立，公司经过三次更名。温氏集团与华南农大动物科学系合作五周年之际，1997年，华南农大出资20万元与温氏集团联合在温氏总部勒竹镇修建“华农楼”，作为专家工作室、实验室、育种中心、检测中心等科研楼。温氏集团全资在华南农大新建“温氏楼”，内设温氏图书馆、学术报告厅，目前仍是动物科学学院办公大楼。华南农大的加盟，使温氏集团的腰板更硬、翅膀羽毛更丰厚、技术水平更强。2006年，由华南农业大学、广东温氏食品集团等单位参加完成的“H5亚型禽流感灭活疫苗的研制及应用”项目，获国家科技进步一等奖。

3. 全面合作阶段（2006—2015年）

为适应温氏集团发展需要，华南农大举全校之力，全方位支撑温氏集团的发展壮大。2016年10月，华南农业大学校长陈晓阳带队到温氏集团签订全面合作协议，从遗传、育种、繁育、养殖、兽医、加工、信息、品牌、营销、金融等全产业链、全创新链、全价值链开展服务，肉鸡、肉鸭、奶牛、饲料、建筑、机械、环保等多产业、全方位开展合作，华南农大与温氏集团的合作进入全面合作阶段。2007年11月，温氏集团总销售值超过100亿元人民币。2013年9月，由温氏集团与华南农大动物科学学院联合共建的“国家生猪种业工程技术研究中心”获科学技术部批准揭牌成立，标志着温氏集团养猪水平进入新时代。2014年，“畜禽育种国家地方联合工程中心”获国家发改委批准建设，双方合作培育的“天露黄鸡配套系”和“天露黑鸡配套系”通过国家畜禽遗传资源委员会审定，成为国家畜禽新品种配套系，温氏通过国家审定的家禽品种配套系达6个。2015年5月，华南农大与温氏集团合作成立“温氏学院”，在簕竹总部揭牌成立。6月，双方合作的“农业部动物营养与饲料学重点实验室”获农业部批准，这是继国家企业技术中心、国家生猪种业工程中心、畜禽育种国家地方联合工程中心之后的又一科技创新平台。标志温氏集团的科技创新水平又上新台阶。

（三）产教融合发展模式

华南农大与温氏股份的产学研合作伴随着温氏企业的诞生，走过了30多年的历史，从松散合作到长期合作，从单一学院合作到学校全面合作，从一般合作到深度合作，创造了校企协同、产教融合的新模式，大家都称其为“温氏模式”，广东省人大常委会农村农业委员会副主任委员、华南农大原校长陈晓阳教授把这个模式可概括为“五个捆绑”：一是责任捆绑，实现风险共担；二是权力捆绑，实现校企共管；三是利益捆绑，实现利益共享；四是人才捆绑，实现人才共用；五是声誉捆绑，实现共荣共损。从产教融合的视角，我们可以总结出如下几种产教融合发展模式。

1. 高校+公司+农户模式

1989年6月，肉鸡市场深度疲软，养户的鸡卖不出好价钱。为了养户的利益，勒竹鸡场采取对养鸡农户保价回收肉鸡的措施，开创了运用综合效益促进产品流通的先河，创立了“公司+农户”的模式。随着农户数量的增加，原有的顾问式、培训式、松散型产教融合发展模式已经不能适应产业发展的需求，1992年，公司主动出让10%的股份，邀请华南农大加盟，华南农大派出5~7名年轻博士常驻公司，合作初期常驻人员三年轮换，公司没有要求学校拿出多少品种、多少成果、多少专利来评估作价入股，学校也没有提出知识产权的归属问题，学校派出人员，公司拿出股权，实现了高校与公司的责任、权力、利益、人才、声誉五大捆绑。公司与农户的合作方式，除了通过“保价收购”政策来保护农户的利益外，在生产过程中，农户只要交少量的押金，即可从公司领取鸡苗和饲料、疫苗等生产资料，享受公司提供的技术指导，直到肉鸡销售后，再扣除鸡苗和饲料、疫苗等生产资料成本，与农户结算，事实上，将农户就成了公司的生产车间，公司与农户紧紧捆绑在一起。

2. 高校+平台+公司模式

华南农大与温氏企业的合作共建创新平台，实现了产教融合发展。在合作实期，双方共建自建肉鸡育种中心、检测中心、饲料中心，2008年成立温氏研究院，2011年，华南农大与温氏股份为深化校企合作、创新人才培养模式创办了“温氏班”。“温氏班”采用“学校课程学习+企业课程学习+企业实习实训”模式，提高学生的专业水平和竞争力，推动协同育人模式，为企业发展提供人才保障，同时为“订单式”人才培养探索提供有效途径。如今“温氏班”已经在全国多所院校开班，实现资源共享、互利共赢。2015年成立温氏学院，产学研合作使温氏获得行业先进技术和高素质人才。目前，由温氏集团与华南农大联合共建了一批国家级和省部级科研平台，2010年，国家企业技术中心获国家发改委等五部委联合认定；2013年，“国家生猪种业工程技术研究中心”获科学技术部批准建设；2014年，“畜禽育种国家地方联合工程中心”获国家发改委批准建设；随后，农业部重点实验室、博士后科研工作站、广东省博士工作站、广东省生猪种业现代农业创新中心等科研平台相继落户温氏，通过这些平台，校企双方，在畜禽育种、饲料营养、疫病防治等方面掌握了一系列关键核心技术，先后多项标志性成果由校企双方共同完成，例如，广东首例体细胞克隆猪诞生于此；“天露黄鸡配套系”“天露黑鸡配套系”等9个国家畜禽新品种配套系通过国家畜禽遗传资源委员会审定；我国首例采用全基因组选择技术选育的种公猪在温氏集团诞生。

3. 项目+成果+产业模式

温氏股份自创办以来，十分重视研发投入，2007年批准组建温氏研究院，以问题为导向，市场为牵引，每年从利润中拿出一定比例投入科研攻关，近三年自主设立科研项目550项，投入经费5亿多元。同时，积极承担国家级、省部级、厅局级、市县级等各级各类政府财政科研项目30项，获经费1.65亿元。各级各类科研项目和自主设立科研项目，都是以产品为目标，问题为导向，市场为牵引，项目在研发过程中产生的成果直接转化、应用、示范、产业化，研发过程实质上就是成果转化的过程，研发—转化—产业化链条式发展，项目-成果-产业三位一体，缩短了产品的研发周期，提高了技术难题攻关效率，实现了企业的高质量发展。目前，温氏股份共获得省部级以上科技奖励58项，温氏股份及下属控股公司共获得专利364项，其中发明专利124项。

4. 政府+公司+高校模式

温氏股份由1983年的七户八股8 000元起家，经历短短36年的发展，到2019年，公司实现营业总收入为732.28亿元，利润总额147.20亿元。单靠公司与高校是无法实现的，离不开各级政府的支持。目前，温氏股份已在全国20多个省（市、自治区）100多个县市拥有270多家控股公司、5万户合作家庭农场。“政府+公司+高校”模式在温氏股份的发展中起到了非常重要的作用，公司得到了发展，政府在精准扶贫、农民收入增长、乡村全面振兴等方面收到奇迹般的效果，高校在人才培养质量提升、学生创新创业就业等全方位受益，是产教融合的典范。

5. 高校+导师+公司模式

华南农大与温氏股份在协同育人、产教融合发展中，温氏股份为学生创新创业、实习实践创造了得天独厚的条件，通过“温氏班”“温氏研究院”“国家企业技术中心”“国家生猪种业工程技术研究中心”“畜禽育种国家地方联合工程中心”、农业农村部重点实验室、博士后科研工作站、广东省博士工作站、广东省生猪种业现代农业创新中心等科研平台，除华南农大以外，中国农业大学、南京农业大学、中山大学等10多所大学的一大批本科生、研究生的课程论文、学位论文都是在温氏企业完成。如2016年，仅华南农大在温氏股份完成的硕博士生学位毕业论文就有70多篇。学生论文的顺利完成，归功于学校聘请公司的总裁、董事长、总经理、经理等企业家作为学生的校外导师，这些校外导师有着丰富的生产实践经验和经营管理能力，学生论文选题来自生产，产生的技术方案直接应用于生产实践，学生的思维、理念、视野、方法、工具、理论等多方面、全方位得到了提高。“高校+导师+公司”产教融合、协同育人模式为高质量培养人才提供了温氏方案、温氏智慧。

6. 高校+经理+公司模式

华南农大与温氏股份的合作创造的“高校+经理+公司”的模式，是温氏股份发展壮大的核心武器。在一般的校企产学研合作中，高校派驻的专家，一般都是作为技术员、工程师、培训师、技术顾问等来使用，有的专家甚至还无法接触到公司的核心技术，高校人才和成果的综合优势、结构优势、数量优势和质量优势等被束缚起来，无法施展。但是，在华南农大与温氏股份的“高校+经理+公司”产教融合发展模式中，华南农大派出的常驻专家中，从 1992 年合作初期就已经形成了制度，建立了长效机制，他们都在公司中任实职，华南农大有 3 名专家在温氏股份中集团副总裁，其他都是分公司董事长、总经理或副总经理，他们的知识、才干、理念、思维、成果、专利、行业影响等都直接转化为生产力，为公司创造了利润，与此同时，他们的信心、视野、经验、管理等得到升华，教学案例生动、教学内容丰富、教学成果广泛、人才培养质量得到显著提升。

（四）重要启示

1. 驻企业专家相对固定

习近平总书记指出：中国现代化离不开农业农村现代化，农业农村现代化关键在科技、在人才。农业科技创新的短板也在人才，农业企业的发展关键也在科技，在人才，而且人才是第一资源，科技是第一动力。华南农大与温氏股份合作的成功秘诀就在于年轻博士常驻企业，而且相对固定，初期是三年一轮换，发展到一定规模和水平以后，固定人员与流动人员相结合，华南农大常驻温氏股份的团队中，有 4 人在温氏股份的工作年限超过了 20 年（2 人 28 年、1 人 26 年、1 人 23 年），这些专家既是温氏股份的财富，更是华南农大的精英。

2. 常驻专家企业任实职

自 1992 年温氏企业与华南农大签订合作协议开展实质性的合作以来，已经有 28 年的历史，派驻的专家都被安排担任实职，从集团公司总经理，到分公司的董事长、总经理、副总经理，他们将现代企业制度、现代科学技术，多途径、多渠道、多方式、全方位组装集成、保质保量、直接应用到生产一线和管理实践中，直接将知识转化为资本，收到了理想的效果。

3. 保护农户的利益分配

温氏股份从起步至今，37 年来，始终坚持“精诚合作，各尽所能……同呼吸，共命运，齐创美满生活”的企业文化，在公司内部实行较为原始的全员股份制，利益分配上，坚持“股东—客户—农户—公司”利益分配顺序，开创了“保价收购”和“公司+农户”的先河，在处理公司与农户的利益关系时始终优先保护农民的利益。例如，受1997年、2005年禽流感和2003年SARS的影响，当年农户获利分别都在公司的2倍以上。

4. 开放式产教融合模式

温氏股份与华南农大从创立开始合作，同呼吸、共命运走过了37多年的历史，始终如一，精诚合作，各尽所能。温氏企业尝到了与大学合作的甜头，在保持与华南农大全面合作的基础上，温氏股份还与中国农业大学、南京农业大学、华中农业大学、中山大学、中国科学院、广东省农科院等高校科研机构开展项目合作，实行开放式的产教融合模式。

5. 激活动力的激励机制

为了充分调动常驻专家的内生动力，他们在企业担任实职，与企业其他负责人享受同等待遇，学校仍然保留其原待遇不变，在职称评审、岗位聘用、年终考核、聘期考核等方面还优先考虑、给予倾斜。驻企专家的内生动力发挥得淋漓尽致。

（执笔人：吕建秋 王小龙）

地方改革篇

一、安徽省农业农村科技创新调研报告

（一）安徽省农业农村科技创新基本情况

“十三五”以来，安徽省农业农村科技创新紧紧围绕支撑脱贫攻坚和乡村振兴战略，持续提升科技创新能力，不断完善科技创新体系，着力优化科技创新环境，改革创新科技管理体制，为全面打赢脱贫攻坚战和扎实推进乡村振兴战略提供有力的科技支撑。至2019年底，农业科技进步贡献率达64%。五年来，安徽省不断加大农业农村科技创新支持力度，共计设置各类重大科研项目641个，累计经费投入达5.6亿元；支持高校、科研院所、企业承担国家科技项目（课题）106项，累计争取经费3.9亿元。设立大别山等革命老区、皖北及贫困县科技扶贫专项资金2.1亿元。形成了一批具有自主知识产权的科研成果，5个技术领域研发水平达到全国领先或部分国际领先水平，获国家和省部级奖84项，其中国家科技奖5项。建设部委省级以上重点实验室19个，省级工程技术研究中心83家，国家级“星创天地”89个，省级农林综合实验站11个，省级科技特派员工作站188个。创建省级的农业科技示范园区27个，获批国家现代农业科技示范园区17个，园区入驻企业数突破2 200家。省市县三级共选派科技特派员6 377名（省级480名、市级2 276名、县级3 621名），帮助入驻乡镇培育农业科技企业1785个，牵头成立农业专业合作社2 714家，推广新技术、新产品、新装备4 595项，直接服务农户、贫困户33.6万户。

（二）安徽省农业农村科技创新的短板及成因分析

“十三五”以来，安徽省农业农村科技创新虽取得显著成绩，但农业农村科技发展水平与农业大省的地位还不相称，存在一些亟须补齐的短板。

1. 创新能力方面

一方面是自主创新能力存在不平衡不充分的矛盾。农业农村科技创新的结构不合理、发展不均衡，从承担重大科研项目和产出成果来看，农业领域科技创新能力较强，农村领域科技创新能力相对薄弱；优势领域（水稻、茶叶）科技创新能力较强，其他领域（农产品加工、农业机械）相对薄弱。另一方面是农业农村科技创新链衔接不够紧密。创新主体分散，人才链、技术链、产业链衔接不到位，基础研究、技术开发、成果转化与推广环节不协同，一二三产技术协调发展、融合发展不够。

2. 创新条件方面

一是农业农村科技创新高层次人才和团队匮乏。科技人才队伍建设无法满足产业发展和乡村振兴的需求，数量和质量均有待提高，部分领域（育种）科研人才断层现象严重，后备人才紧缺。二是农业农村科技服务体系尚待健全。总体服务水平较低，服务内容比较单一，特别是现代农业技术、信息、金融和保险服务缺乏，适应农业高质量发展需要的新型社会化服务体系尚不健全。

3. 创新平台方面

一是农业农村科技创新载体整体不强。国际先进、国内一流的科技创新研发平台缺乏；农产品加工、智慧农业、农机装备、生物育种和农业生态环保等农业高质量发展亟须技术领域，高层次平台明显不足。二是部分农业科技园区科技含量不强。存在着产业层次不高、建设主体利益联结不紧密、金融保险和农业服务等支持不足、基础设施管护不力等问题。

4. 创新政策方面

一是农业科技创新投入仍不足。虽然我省各级政府不断加大农业科技创新投入，但与非农产业科技创新项目扶持的力度相比，投入还远远不够。二是农业农村科技创新功能定位不够准确。农业农村科技创新分属不同层级、多个部门，尚未建立有效的协调机制，缺乏有效的顶层设计，难以形成合力；激励创新的政策环境需要进一步优化，大学、农业科研机构、涉及企业整体研发效率需要进一步提升；农业科技企业。

（三）安徽省促进农业农村科技创新的重大改革与政策措施

1. 加大农业农村科技创新支持力度

出台《安徽省人民政府关于印发支持科技创新若干政策的通知》，在安徽省创新型省份建设“1+6”政策基础上，修订拓展了创新型省份建设“1+6+2”政策体系。如对企业获国家审定的动植物新品种补助30万元。凝练发布多个农业农村领域重大专项，如主要农作物育种、农产品精深加工、智能农业等，省级财政支持经费2.9亿元。

2. 构建农业科技社会化服务体系

按照“主体多元化、运行市场化、服务专业化”要求，快速推进农业科技成果转化、技术转移、中介服务、创业服务等农业科技服务业发展；扩大农业创业孵化、农业知识产权服务、农业类第三方检验检测认证等机构的专业化、市场化改革，壮大技术交易市场。出台《关于加快推进农业高新技术产业示范区和农业科技园区建设发展的实施意见》，打造一批农业创新驱动发展先行区、农业供给侧结构性改革试验区和农业高新技术产业集聚区。

3. 助力全面打赢脱贫攻坚战

出台《安徽省科技厅关于关于加强科技扶贫的实施意见》《安徽省大别山等革命老区、皖北及贫困县科技扶贫项目管理办法》，实施大别山等革命老区、皖北及贫困县科技扶贫专项，全面落实对大别山贫困革命老区、皖北地区“省奖补资金补助金额上浮

20%”支持政策；出台《安徽省科技特派员工作站备案管理暂行办法》，在贫困地区优先布局科技特派员工作站，强化脱贫攻坚创新载体支撑；发布《关于组织开展科技特派员与贫困村结对服务工作的通知》，将扶贫项目、特派员力量与贫困村需求精准有效对接，在《安徽科技》杂志开设“科技特派员暨科技扶贫”等专栏，宣传推介科技扶贫领域先进事迹和经验做法。

4. 开展涉农企业“四送一服”

2016年以来，对农业企业开展送新发展理念、送支持政策、送创新项目、送生产要素、服务实体经济“四送一服”活动。如安庆永强农业科技股份有限公司是集番鸭育种、生产经营、科技开发、食品研发于一体的省级农业产业化龙头企业。在“四送一服”活动中，通过政府担保快速获得500万元贷款，通过启动中端产品，次年实现产值翻番。该公司计划2023年在主板上市，是“四送一服”第一批受益企业

5. 完善农业科技创新政策体系

先后出台《安徽省进一步优化科研管理提升科研绩效实施细则》《安徽省科技重大专项项目管理办法》等一系列政策文件。完善稳定支持和竞争性支持相协调的机制，增加省自然科学基金对农业领域的支持，稳定支持农业科技基础性工作；以农业生产经营主体的科技需求为导向，设置市场导向型应用研究任务；以区域发展、农民增收等社会公益性科技需求为导向，设置公益类研究任务；以科学发展趋势和学科前沿为导向，设置基础、前沿类研究任务。

（四）安徽省对国家层面加快补齐农业农村科技创新短板的政策建议

1. 大力培育农业农村发展新动能

农业农村科技创新是一项系统性工程，其中最为关键的就是打造一支“爱农业、爱农村、爱农民”的农村科技创新人才队伍。一是建立高等院校、科研院所等事业单位专业技术人员到乡村和企业挂职、兼职和离岗创新创业制度，保障其在职称评定、工资福利、社会保障等方面的权益；二是充分调动农民的积极性、创造性，为“土秀才”“田专家”“乡村能人”等施展才华提供平台。在农产品的生产、加工、经营、营销、市场和法律知识等各个环节对农民进行培训和指导，培养一批新型职业农民和新型农村实用人才队伍；三是启动免费农林类本科生、农技生计划，鼓励农业大学培养“订单型”农业农村科技人才，落实乡村振兴战略人才定点培养等相关工程。

2. 不断提升涉农企业创新创业能力

建立以市场为导向的多元化投入机制，政府引导并支持农业企业公益性科技创新活动；鼓励农业企业与农业高校、科研院所建立联合研发平台，吸纳和培养研发人员，大力引进并推广各种先进农业技术成果；完善农业科技型企业、创新型企业、高新技术企

业的认定机制、激励奖励机制，加大财税方面的支持力度。支持骨干企业建立国家重点实验室、工程中心等高水平研发机构，通过农业科技成果转化资金、中小企业技术创新基金等加大对科技型中小微企业的支持力度。推进科技特派员等计划，支持企业研发队伍建设。

3. 改革创新科技管理体制机制

一是整合农业科技计划。建立科学合理的科技项目储备制度，在1~2个重点产业试点推行"需求-问题-创新链-任务链"模式的全链条创新设计。推行"产业（企业、经营主体等）出题、政府立题、协同破题"的科技计划组织工作机制。二是完善协同创新机制。支持社会多方的创新资源集成共享，创新产学研用合作模式，推进产业技术创新联盟和产业技术体系建设，试点农业科技园区联盟，积极探索协同创新体制机制。探索重大专项中，实施带动强的大项目、调结构的新项目、做示范的好项目等三类项目形态。三是加强对外农业科技合作。不断扩大国际农业科技合作，组织实施重大农业科技国际合作项目，建立一批联合实验室、研究中心、合作园区、科技创业基地等平台。积极融入"一路一带"布局，推进农业科技"走出去"，建设境外农业试验示范基地。

（执笔人：安徽省科技厅）

二、浙江省农业农村科技创新调研报告

（一）浙江省农业农村科技创新基本情况

"十三五"以来，浙江省坚定不移以科技创新推进农业供给侧结构性改革，共投入涉农科技专项资金12.8亿元，全省农业科技产出水平整体提升。全省农业科技进步贡献率约为64%，高出全国约5个百分点。全省涉农领域的农业科技成果共获得国家科技奖28项，其中为主完成的有11项（技术发明奖二等奖1项、科技进步二等奖10项）。各项农业科技创新工作在全国走在前列，农业农村高质量发展的科技基础逐步夯实。

1. 种业发展取得整体性的突破

"十三五"以来，浙江省继续深入实施农业新品种选育专项，育种协作组共选新品种289个，其中国家审定40个、省审定173个、国家登记63个，获品种权保护215个，授权发明专利340件、实用新型专利152件。育种成果获省部级以上科技奖励62项；发表论文896篇，其中SCI收录319篇；建立制种、种苗基地230个，3.2万亩；建立新品种、新技术示范展示基地766个，共计10.4万多亩，粮食高产示范方（片）1850个；新育成品种在省内外推广1207.2万亩，培育发展现代农业企业110余家、累计新增经济和社会效益超过10亿元。期间涌现了不少亮点性的育种成果。例如，宁波市

“水稻育种团队”2016年创下了百亩示范方亩产1024.13公斤的浙江省单季晚稻亩产新纪录。绍兴市国伟禽业的蛋鸭新品种“国绍Ⅰ号蛋鸭”，荣获2019年国家科技进步奖二等奖。“浙青80”入选国家西兰花良种联合攻关发布品种。“浙油杂108”杂交油菜制种产量创百亩方纪录和最高亩产记录，为推动我省种业引领发展奠定了坚实的基础。

2. 农业科技研发能力逐步提升

“十三五”以来，浙江省重点围绕生态农业、现代农业装备、农产品质量安全、营养健康食品开发与保鲜物流、农业资源高效利用、农业跨界融合等七大领域，投入财政资金6.15亿元，累计组织实施重点研发计划、基础公益研究490项，带动研发总投入13.91亿元。通过重点研发计划项目实施，实现了关键领域农业科技创新能力的重点突破。例如，嵊州巴贝集团实施的“工厂化养蚕智能装备与精准饲养管理系统研发”项目入选2019年全国十大颠覆性创新榜单和浙江省重大标志性成果；浙江农林大学研发团队攻克了铁皮石斛种苗繁育难题，育成了5个优质高产、抗低温、抗病的专用品种，建立了设施栽培、活树附生、岩壁附生、立体栽培等模式，研发出铁皮枫斗冲剂、胶囊、葆真片、浸膏、饮料等系列保健产品与化妆品，为浙江百亿铁皮石斛产业提供了技术支撑，成为产业集聚区、技术发源地，产业规模和产业技术均居全国领先水平。据统计，“十三五”以来，浙江省涉农领域的农业科技成果共获得国家科技奖28项，其中为主完成11项（技术发明奖二等奖1项、科技进步二等奖10项），充分显示了浙江省的农业科技创新实力。此外，浙江省还积极争取国家农业科技领域的各类资源。2016—2018年，据对主要涉农研发机构的不完全统计，累计获得国家级农业科技项目（含课题、子课题）超600项，获得国拨经费10亿元以上。通过国家项目的实施带动了农业科技创新能力局部跃升。

3. 农业创新主体培育成效初显

“十三五”以来，共创建省级重点农业企业研究院22家，着力打造了一批研发实力、产业规模与产业带动能力位居全国前列的农业创新领军企业，以4 930万元的省级科技投入，累计带动企业研发投入8.5亿元。特别是由浙江青莲食品股份有限公司、国伟禽业、浙江古越龙山绍兴酒股份有限公司等省级重点农业企业研究院依托单位承担的科研项目，分别获得国家科学技术进步奖二等奖。此外，在相关政策的引导和支持下，农业科技企业在创新过程中的主体地位得到进一步加强。

4. 农业创新平台载体不断夯实

“十三五”以来，共创建和培育省级农业科技园区30家，安吉农业科技园区和温州农业科技园区成功创建国家级农业科技园区，省级农科园区和国家级农科园区累计数分别达到42家和8家。同时，配合和支持丽水等有条件的地区对接科技部，积极创建国家级农高园区，使之成为地方农业高新技术产业发展的高地。此外，全省共备案国家级星创天地 59 家，创建省级星创天地 111 家，提前超额完成到“十三五”末创建 100 家省级星创天地的目标任务。

5. 基层创新创业动能日益激发

“十三五”以来，浙江省重点以科技特派员制度作为带动基层创新创业的重要抓手，省财政累计投入科技特派员专项资金 4.1 亿元，省市县三级共派遣人员 2.4 万人次。推广新品种新技术 17 000 多项次，技术培训 12 万多场，培训 680 多万人次，科技特派员通过“做给农民看、带着农民干”，带动欠发达地区产业跨越发展。截至目前，省级科技特派员共牵头实施科技项目 9515 项，支持发展农业企业 432 家，解决农村劳动力就业 204 万人，创建各类科技示范基地超过 120 万亩，实现经济效益 98.58 亿元。广大科技特派员还作为省委、省政府重大民生工作的科技急救军，在新冠疫情、农业极端气候等关系百姓重大福祉任务中驻守一线，有效促进了农村社会和谐稳定。同时，“十三五”期间浙江省还认真组织开展对龙游、庆元、泰顺、磐安、景宁、岱山、建德、松阳等市县的“送科技下乡”活动，有力地推进了先进农业科技成果在农村的推广应用，服务了广大农民增收致富。

（二）浙江省农业农村科技创新的短板及成因分析

作为经济发展较快的沿海发达省份，浙江劳动力成本高、土地资源少、农业比较效益低的矛盾尤为突出，处于相对弱势地位的农业农村发展更是面临着土地产出率、劳动生产率和资源利用率“三率”相对低下及生产方式落后等诸多问题。究其原因，主要是因为当前我省农业科技企业的实力仍然偏弱、创新主体地位尚未稳固，产学研用育繁推一体化的农业科技创新链尚未构建完成，农业科技创新人才和高素质从业者缺口依然明显，农业农村基层创新创业动能有待进一步激发，等等。

（三）浙江促进农业农村科技创新的重大政策举措

“十三五”以来，浙江农业农村科技按照“1234+N”的工作思路，即坚持以农业供给侧结构性调整为主线，以创新驱动发展战略和乡村振兴战略为战略指引，以全面推进劳动生产率、土地产出率和资源利用率农业“三率”提升为着眼点，针对农业科技创新能力、企业主体实力、创新载体活力和基层创新动力提升，不断强化改革创新，也取得了一定的经验和成效。

1. 以育种专项等重大研发计划为着力点，提升农业科技创新能力

在重大科技研发部署过程中，浙江省牢牢围绕需求导向，广泛面向全社会广泛征集研发需求，并先后多次组织行业部门、科研机构专题研究编制项目指南，明确重点支持方向，凝练和主动设计重点研发计划项目主题，最终形成重点研发领域。特别是围绕供给侧结构性改革和老百姓对农产品需要的新变化，以“高效生态、进口替代、特色优

势、功能需求”为目标，持续实施农业新品种选育专项。省财政每年安排6150万元专项资金稳定支持水稻、旱粮以及十大农业主导产业的新品种选育。努力选育了一批高产、优质、多抗、低耗和广适性、专用性、适合机械化作业的农业新品种。2017年，研究并发布《浙江省“十三五”农业新品种选育重大科技专项实施方案》，9个协作组育种科研各项工作全面推进。谋划实施百品百万亩新品种转化示范工程。每年选育和推广农业新品种100个，推广示范面积100万亩以上。以优质“芯片”提升我省农业种业整体科技实力和市场综合竞争力，打造全国种质科技创新中心和育种中心。此外，围绕乡村振兴、农业现代化等战略需求，在智慧农业、农产品质量安全、数字农业关键技术等领域实施一批“双领双尖”重大项目，加快解决一批影响和制约农业农村发展的重大核心关键技术，形成一批重大标志性成果，努力抢占产业发展制高点；在新品种选育、绿色生态种养殖、农产品精深加工利用等领域部署实施一批重点研发计划，全面提升农业主导产业技术创新水平。

2. 以重点农业企业研究院为抓手，强化农业科技企业培育

针对农业企业小而弱的问题，“十三五”期间，浙江省创新性地谋划启动了省级重点农业企业研究院建设工作，在广泛摸底和调查的基础上研究发布了《浙江省农业重点企业研究院建设与管理办法（试行）》（浙科发农〔2017〕99号），为农业企业研究院建设提供了政策指引。省级重点农业企业研究院聚焦企业“农业高新”“科学研究”和“引领带动”属性，强化对农业企业研发机构独立运营机制、研发方向设置和科技研发条件的考察。“十三五”以来，累计创建省级重点农业企业研究院22家，投入科技经费4 200万元，着力打造了一批研发实力、产业规模与产业带动能力位居全国前列的农业创新领军企业。其中，科技厅撰写的《传统农业产业如何在结构化调整中“羽化”成“新茧”——巴贝工厂化养蚕省级重点农业企业研究院调研报告和启示》，创造性地提出以“工业化思维改造提升农业传统产业、以农业生产方式变革推动农业现代化进程”的思路得到科技部及兄弟省市的高度认可，科技部农村司还专题赴浙江展开调研，相关的研究报告获得车俊书记、袁家军省长、孙景淼副省长等多位省领导批示。巴贝工厂化养蚕重点农业企业研究院实施的“工厂化养蚕智能装备与精准饲养管理系统研发”项目入选2019年全国十大颠覆性创新榜单和浙江省重大标志性成果。

3. 以农业科技园区等为依托，夯实产业创新基础条件

浙江省以农业科技园区作为培育农业高新技术产业的重要载体，按照全产业链发展、一二三产业融合的谋划和布局，持续打造一批高水平的农业高新技术产业开发区和农业科技园区。一方面不断完善农业科技园区建设和管理模式，研究出台《浙江省农业科技园区管理办法（修订）》，鼓励和支持有条件的地区围绕当地农业产业特色和发展需求，建设一批区域特色显著、引导示范带动作用明显的省级农业科技园区。并按照创建+培育的建设思路，建立省级农业园区优胜劣汰的动态管理机制，提升园区建设水平。

另一方面，配合和支持丽水等有条件的地区对接科技部，积极创建国家级农高园区。此外，加快推动农业农村领域的众创空间——“星创天地”建设。研究发布《浙江省科学技术厅关于建设“星创天地”的实施意见》，给予省级“星创天地”50万元资金扶持。

4. 以科技特派员工作为途径，激发基层创新创业动能

科技特派员制度是习近平总书记到浙江工作之初就倡导并推动实施的一项重要制度。2017年以来，浙江省以深化改革、重塑优势为目标，研究出台《浙江省人民政府办公厅关于深入推行科技特派员制度的实施意见》。并按照改革的思路，将特派员选派领域从涉农专业向机械、农机装备，及电子商务、创意设计等领域拓展，推动科技特派员服务领域从欠发达地区向全省域全面拓展。根据地方产业发展需求，从“要我派”转变成“我要派”，进一步调动科研人员积极性，省级个人科技特派员支持力度也由5万元/(人·年) 提高到10万元/(人·年)。在全国科技特派员制度推行20周年总结会议上，浙江省作为唯一一个省级政府代表进行典型发言，也充分体现了浙江省科技特派员工作干在实处、走在前列。目前，为进一步贯彻落实总书记关于科技特派员工作的重要指示精神，切实放大科技特派员工作成效，浙江省即将谋划出台《深化科技特派员制度 推进科技进乡村的若干意见》，全面启动工业科技特派员工作，推动科技特派员服务模式和服务领域进一步拓展，将制度红利辐射推广到经济发展各个领域。不断深化精准选派，完善“基层出题、特派员揭榜”的市场化对接模式。探索设立“科技特派员创新创业引导基金”、强化以成果转化为导向的科技特派员市场激励机制等，激发科技特派员创新创业动能，推动科技特派员“名利双收”。谋划实施“科技特派员扎根”计划，从2020年起，省、市、县（市、区）三级联动向全省所有乡镇派遣科技特派员3 000人以上，团队科技特派员300个以上，法人科技特派员30家以上，在全省构建“乡乡都有科技特派员驻点、村村都有科技特派员服务”的全方位技术服务体系。

（四）浙江省对国家层面加快补齐农业农村科技创新短板的政策建议

1. 建设上下联动的农业科技创新体系

建议国家层面进一步加强农业、科技等涉农单位及各级政府联动协同，建立由产业部门和研发机构多部门多单位组成的协同工作机制，对如农业科技政策、农业产业链打造、农业技术研发等重大问题进行综合协调、全面统筹和共同研究，实现全国农业科技“一盘棋”。

2. 推动国家项目在地方的落地

进一步突出需求导向，强化国家重点研发计划项目与地方产业发展的结合和支撑，例如，在蓝色粮仓等一些切实支撑地方产业发展的重点领域，可考虑由国家和地方联合

资助一批项目实施。充分激发和发挥优势省份在国家项目建设中的能动性，推动国家项目在地方落地并取得更大成效。

3. 对国家在地方建设的各类农业创新载体给予资源配置

目前国家层面对于在地方设立的各类农业科技创新载体多为只给牌子，经费配套基本没有或相对偏弱，影响了地方基层参与的积极性。建议在后续的农高园区、星创天地等建设过程中，加大资源配置，通过政府引导，带动更多主体参与国家级农业科技创新载体建设。

（执笔人：浙江省科技厅）

三、广东省农业农村科技创新调研报告

（一）广东省农业科技创新基本情况

1. 以种业为引领的自主创新能力不断提升

2018 年广东省科技厅在科技计划中设置“现代种业”重大专项，累计投入研究经费超过 2 亿元。培育了一大批国内乃至国际有影响力的种业创新团队，构建了南亚热带作物种业创新中心、深圳现代生物育种等重大种业创新平台，建成居世界前列的中国国家基因库，基因测序能力居全球第一。优质稻、超级稻、鲜食玉米、花卉、特色蔬菜、特色水果等作物育种技术处于国内先进水平，生物育种、航天育种和植物克隆繁殖技术处于国内领先地位。

2. 以人才为核心的农业科研平台不断充实

在农业部国家 50 个现代农业产业技术体系中广东有 3 名首席科学家、84 名岗位科学家、46 名综合试验站站长，参与 28 个产业技术体系建设且总占比高达 56%，参与专家和产业数量继续位居全国前列；广东省农业农村厅创建了 20 个省级现代农业科技创新团队，其中 12 个纵向产业技术体系创新团队，8 个横向共性关键技术创新团队。

在国家级和省级平台载体建设方面，广东正式建立“广州国家现代农业产业科技创新中心”，旨在推动形成以种业科技创新为核心，兼顾智慧农业、绿色农业创新的科技创新中心。此外，广东还先后建成国家级重点实验室 5 个，国家工程技术研发中心 4 个，农业农村部重点实验室（实验站/科研基地）41 个，广东省农业类重点实验室 46 个。

3. 以载体为动力的县域科技发展逐步健全

一是实施农业专业镇发展。截至 2018 年末，全省农业专业镇数量 152 个，全省农

业专业镇特色产业总产值达568.3亿元。二是开展农业科技园区建设。在科技部的统一部署下，广东已建成8家国家级农业科技园区和8家省级农业科技园区。目前，16家园区核心区入驻农业科技企业373家，其中涉农高新技术企业35家、上市企业11家，园区当年总产值达1 040.6亿元，吸纳就业40万人。2019年，广东组织了第五批省级农业科技园区申报，又新增建设8家以县域为主体的园区。三是推进“星创天地”建设。截至2019年底，广东通过国家科技部备案的“星创天地”62家，国家和省级备案的“星创天地”共147家，形成了以企业为建设主体、产学研紧密结合、建设模式多样的发展态势，有效地促进了当地农业产业链的整合和价值链提升。

4. 以项目为标靶的农业科技创新不断完善

为进一步破解产业核心关键技术问题，广东省科技厅近年来在现代种业、精准农业、食品安全、智能农机装备领域进行重点布局，2018年安排财政经费约5亿元支持70余个项目实施。目前，各项目进展顺利，并取得阶段性成果，累计发表75篇SCI论文、申请170余件专利、申请动植物新品种10余个，研制了一批智能农机装备关键零部件。2019年针对制约农业科技发展关键核心问题，广东省科技厅在“现代种业与精准农业”重点领域开展核心技术攻关，设立“现代种业”（岭南特色农作物和家禽种业）重大专项、“现代种业”（岭南特色林业种业及资源开发利用）重大专项、“农产品加工和食品制造”专项及“草地贪叶蛾防控”应急专题，进一步推进林业、农作物和家禽急需的新品种创制，突破农产品加工关键技术，提升食品制造水平。2020年，谋划新一轮“现代种业和精准农业”重点领域研发计划。为贯彻落实习近平总书记对广东提出的“主动承接国家重大科技项目”的要求，结合广东省重点领域研发计划，2018年对接国家重点科技项目立项8项，其中，涉农项目立项5项，项目财政支持资金共计3 350万元，吸引了20多家省外优势单位和十余个国家级科研平台。2020年，科技厅继续主动对接了科技部农村中心、农业部技术开发中心推进的项目，相关对接工作正在推进。

5. 以农村科技特派员为抓手的农业科技服务初见实效

广东省科技厅按照省委省政府的统一部署，重点围绕省建档立卡的2 277个贫困村和革命老区、中央苏区以及少数民族地区，依托农村科技特派员库、科技支撑成果库、贫困村科技需求库以及农村科技特派员管理平台，组织选派农村科技特派员深入农村基层、农业一线，围绕乡村产业和科技需求开展服务和创新创业。2018年以来，广东每年都组织广东省农业科学院、华南农业大学等高校院所开展农村科技特派员暑期大下乡活动，动员广大农村科技特派员利用暑期深入基层，多形式开展对接活动。2019年暑假期间，全省25家单位共组织农村科技特派员840人次，为905个省定贫困村开展帮扶服务，共对接农业科技企业25家，为590户贫困户提供技术服务，指导培训农民和农村技术人员超过6 200人次。2019年，广东省科技厅发布《关于组织2019年度农村科技特派员下乡发现问题凝练科技助农项目的通知》，支持农村科技特派员下乡发现问题，凝练组织88项科技助农项目，发挥了农村科技特派员的主动性和创造性，引起广泛关注，此做法是新时期广东农村科技特派员工作的重要探索，在全国属于首创。2020年初，为深入贯彻习近平总书记在统筹推进新冠肺炎疫情防控和经济社会发展工作部署会议上的重要讲话以及对春季农业生产工作做出的重要指示精神，按照省委省政府关于疫情防控的工作部署，广东省科技厅发布给农村科技特派员的一封信，倡导“科技助农抗疫情稳供给，抓紧农时保春耕促生产”，鼓励农村科技特派员成立科研攻关团队，开展疫情防控技术产品的研发和推广应用。据统计，约有来自省内12家派出单位的近1000名农村科技特派员投入到抗疫情保春耕工作中，受疫情影响，主要通过网络平台为地方政府、农业生产主体、贫困村农户等提供技术指导，累计达3 000多次，并在做好防护的前提下开展现场指导20余次，惠及种养殖农户2 200多户，覆盖180多个对接贫困村。

（二）广东省农业农村科技创新的短板及成因分析

通过不断加强科技创新治理，近年来广东农业科技创新不断提升，但与此同时，广东农业科技创新在总体布局、体制机制、激励政策等方面仍然存在不少亟须改善的问题，如农业领域基础研究薄弱，农业科技成果转化偏少，农业科技成果推广体系不完善，育种新技术、安全高效种养技术、动植物病虫害防治技术等缺乏突破，农业装备科技工程装备领域仍然依赖进口等等。

（三）广东省促进农业农村科技创新的重大改革与政策措施

2020年，为深入贯彻落实《中共中央 国务院关于抓好“三农”领域重点工作确保如期实现全面小康的意见》及省委省政府各项文件精神要求，科技厅牵头编制了《广东省科学技术厅乡村振兴科技计划》，强化科技创新引领和支撑作用，助力脱贫攻坚，支撑乡村振兴战略实施，推进科技支撑乡村振兴各项工作。一是整合多方科技力量，支撑决胜脱贫攻坚，重点发挥科技精准扶贫精准脱贫重要支撑作用，探索建立长效机制，创新扶持模式；二是突破关键核心技术，引领农业产业发展，继续组织实施“现代种业和精准农业”重点领域研发计划，加强前沿技术研发；三是加强科技创新治理，加速成果入乡转化，重点依托重大科技基地和平台建设工作，全面加强科技创新规划、示范、服务和资源配置能力，探索科技成果入乡转化的新路径、新机制和新模式；四是开展“科技暖村”行动，推动人才资源下乡，深入推行科技特派员制度，开展“百团千人大下乡”活动，打造农村科技特派员+电商新模式；五是注入科技创新动力，促进乡村绿色发展，依靠科技创新，研发、推广和应用绿色技术，注重多学科协同与新技术集成，解决农业环境、农产品品质的突出问题。

（四）广东省对国家层面加快补齐农业农村科技创新短板的政策建议

1. 加强基层创新生态的营造

一是制定促进农业科技创新和转化服务政策，完善农业科技创新和转化服务体系。从农业供给侧结构性改革入手，明确科技部门与农业部门的关系，营造有利于国家、省、市、县创新和转化服务体系，技术、成果、服务、产业相互衔接，形成合力建设，发挥科技支撑引领产业高质量发展的作用，促进地方农业农村经济发展。二是继续稳步推进省属公益类科研机构改革，加大对农林科技创新的长期稳定支持。按照国家赋予公益类科研机构的职责定位，对公益类科研机构承担公益科研任务建立稳定支持机制。推广省属农业公益性科技机构的基本科研业务费制度。开展绩效综合评价，加强对省属农业公益性科研机构自主开展科学研究的稳定支持。

2. 加强地方科技工作的联动

一是加强国家重点项目与地方的对接力度。在项目布局上结合地方经济发展和特色产业需求进行设置，示范应用委托地方组织，发挥中央和地方联动作用共同支持。推荐国家重点研发计划优秀项目及成果到广东落地转化，通过接续支持将国内优秀农业农村科研人才团队和科研机构引入到合适的地方农业科研体系中，产生更多具有核心竞争力的科学技术。二是加强对地方科技创新工作的指导和支持。广东省正推进河源国家农高区创建工作，希望加强对河源国家农高区建设的指导。按照“十三五”国家农业科技园的部署，正加快地级市全覆盖推进，但每批次限制 2 个名额，建议增加广东省申报园区的名额，以加快推进广东省内国家级农业科技园区的创新发展。

3. 加强创新政策的配套支持

一是近年来，科技部通过农业高新技术产业示范区、农业科技园区、创新型县市、星创天地等工作，推进农业科技创新发展，地方科技部门积极配合，也得到地级市、县（市）领导的重视，但是国家在这些工作的设置上，没有相应的支持政策，建议国家在开展工作的同时，能结合配套政策推进，对地级市、县（市）科技部门的工作推进。二是创新型县（市）是为促进县域工作创新，随着城镇化进程的推进，广东省通过撤县变区，推进县域资源聚集，还有广东省的东莞、中山市是市下辖区，没有县的层级，建议改制县以及东莞、中山的区视同县（市），纳入创新县（市）评审。

4. 探索项目组织管理新方式

一是改变项目形成机制和组织方式，采用定向组织、并行支持、悬赏揭榜等新型科研组织模式。探索农业农村领域项目的后补助、奖补机制和项目包干机制。探索新形势下对于农业农村见效慢、研究周期长的基础性、颠覆性技术项目、非共识项目的遴选和灵活管理机制。探索农业农村领域项目的持续资助和多轮资助方式。改进项目跟踪管理模式，在项目实施后期对目标完成、管理、产出、效果、影响等开展绩效评价，逐步建立以绩效评价代替验收评审的管理制度。二是增加自由探索项目，发挥地方研究院所的作用，激发基层青年科技人才的创新活力。目前，在国家科技计划项目设置方面，整合设置国家重点研发专项，重点专项的设置，有利于集中力量解决产业卡脖子问题，但专项的主持人均为行业内的知名专家，青年科技人员很难有机会主持项目或课题。针对以上情况，建议国家在设置重点专项的基础上，适当增设竞争性“自由探索项目”，项目鼓励青年科技人员开展应用基础研究和技术集成与示范。

5. 创新农业多层次人才保障机制

一是强化农业科研高层次人才支持保障。实施农业科研杰出人才培养计划，完善重大科技计划与重大人才工程的联动，培养造就农业科技领军人才，在高层次人才的支持指标分配和评审方面，对公益性、基础性农业科研领域予以适当倾斜。二是建立种质资源收集与保护全方位人才培养和激励体系，制定有效的管理办法和科研绩效奖励机制、职称评审条件，优化科研成果权益分配，对种质资源保护、疫病监测等基础性工作科技人员实行同行评价，作为职称评定主要依据。

6. 扩大农业科技对外开放力度

一是支持农业科技创新主体“走出去”共建联合实验室、海外研发中心或科技园等；积极对接、引入国内外顶尖科研机构与高校设立科技创新中心，引进国内外农业科技创新资源，制定政策支持科技资源的跨境流动。二是支持农业高校、科研机构开展农业科技对外援助，加大向“一带一路”沿线国家及南太平洋岛国等输出农业技术的支持力度。

（执笔人：广东省科技厅）

四、四川省农业农村科技创新调研报告

（一）四川省农业农村科技创新基本情况

四川是农业大省与科技大省，“十三五”以来，聚焦农业供给侧结构性改革、脱贫攻坚与乡村振兴，大力实施科技创新引领行动，深化农业科技人员创新创业改革试点，依靠科技进步与创新，擦亮了四川农业大省的“金字招牌”。育成农作物及畜禽新品种500余项，攻克了制约产业发展的关键共性技术100余项，转化先进适用科技成果1 000余项，建立省级及以上各类科技创新平台400余个，2019年底农业科技进步贡献率达60%（全国水平59.2%），同比2016年提高4个百分点；累计获得国家科学技术进步奖12项，四川省科学技术奖253项，其中一等奖26项，农业科技综合创新能力居西部

第一。

（二）四川省农业农村科技创新的短板及成因分析

一是农业农村科技原始创新能力不强。农业重大理论性、基础性研究成果较少；制约农业产业的重大关键技术突破少，产业链条较短；农产品精深加工能力弱，农产品加工率低仅有55%，低于发达国家80%的水平；农业机械化研发水平低，主要农作物耕种收综合机械化率低于全国平均水平近10个百分点。

二是农业农村科技有效供给不足。农业科技投入强度较低，导致农业科技供给数量、质量和效率不能满足产业经济发展需求。成果质量总体不高，前瞻性、重大性成果偏少，比如育成的粮油品种中优质专用突破性品种占比仅为30%。成果领域分布不均衡，农业功能拓展技术研发滞后。

三是农业企业创新主体作用不够。四川省农业企业创新能力较弱，2019年全国农业产业化龙头企业500强中四川仅为22家，70%的省级以上龙头企业距离高新技术企业的要求有差距，建立完善技术创新平台及管理制度体系的企业不足10%，不足以支撑和保障企业创新活动的开展。

四是农业农村科技成果转移转化不畅。科技成果转移转化公共服务平台建设滞后，专业化科技成果转化机构数量不足，科技成果信息汇交、发布与对接机制还需完善。我省每万名农村人口中科技人员数量低于全国平均水平，与农业科技成果推广人才需要不匹配。

五县域科技创新薄弱。县域经济发展水平不均衡，县域科技基础条件总量不足，创新资金投入总量不大，部分县域的科技创新研发投入占GDP比例低于全国平均水平，结构改革后四川省183个县（市、区）中保留单独科技管理部门设置的只有24个，仅占13%，科技管理人员严重不足。

（三）四川省促进农业农村科技创新的重大改革与政策举措

一是狠抓农畜品种选育实现新突破。围绕国家级育种制种基地建设，大力实施优质专用新品种培育引进工程，整合产学研单位90余家，组织实施育种攻关专项、省级重大专项及国家重大专项项目62项，初步建立了以市场为导向、产学研结合的育种创新体系。“十三五”以来，年均育成突破性农畜新品种80余个，育成品种数量和质量居全国前列，育种创新水平总体处于国内第一方阵，“川优6203水稻”“荣玉1210玉米”“川藏黑猪”“大恒肉鸡”等优质高效品种广泛应用于省内外，终结了“蜀中无好米”的时代，打破了国外畜禽品种一统天下的格局。四川农业大学陈学伟教授率领的创新团队在*Science*杂志发表论文，揭示IPA1基因提高水稻产量和对稻瘟病抗性的调控机制。

二是狠抓产业技术创新取得新成效。聚焦“川字号”农业优势特色产业，实施优势特色产业瓶颈技术创新工程和农业机械化信息化技术创新工程，加强制约产业发展的“天花板”“卡脖子”等关键共性技术研究，推进农业领域“技术攻关清单”落地落实。“十三五”以来，实施优势特色产业链重大科技创新示范项目和国家重点专项项目30余项，攻克了制约产业发展的关键共性技术100余项，开发出绿色、安全、营养、方便的加工产品300余个；获得省级及国家科技进步奖133项，支撑了四川现代农业提质增效、提档升级。

三是狠抓科技成果转化创造新速度。坚持把科技成果转化作为现代农业发展的关键举措，大力实施农业科技成果转化专项，建立完善农业科技成果项目库，落实农业科技成果转化清单，深化四川农业大学新农村发展研究院成果转化模式，强化企业成果转化主体地位，重点支持优质突破性农畜新品种、绿色防控新技术、高端特色新产品、健康种养殖新模式等先进适用科技成果的转化应用。“十三五”以来，建立农业科技成果转化示范基地100余个，示范推广新品种、新技术、新模式、新工艺、新装备1 000余个（项、台），2019年底，四川省主要农作物、畜禽、林木良种覆盖率分别达96%、90%、60%，主要农作物耕种收综合机械化率达60%。

四是狠抓创新体系建设取得新进展。加强全省涉农科研院所、高等学校、创新型龙头企业建设，“十三五”以来，四川农业大学承担建设的省部共建西南作物基因资源发掘与利用国家重点实验室通过专家论证，建成省级以上（含省级）涉农重点实验室35个、工程技术研究中心57个（其中国家级1个）、产业技术研究院12家、产业技术创新联盟35个、农村产业技术服务中心86个，建设省级以上（含省级）农业科技园区93个（其中国家级9个）、科技部备案星创天地71家，培育农业领域高新技术企业120余家。习近平总书记揭牌的“中国—新西兰猕猴桃联合实验室”在国家级新区天府新区成都科学城建成运行，成为国际农业科技创新合作的典范。

五是狠抓科技精准扶贫探索了新模式。面向全省88个重点贫困县、45个深度贫困县，大力实施科技扶贫专项，聚焦支撑产业发展和完善服务体系两大重点，探索出“产业推动、企业带动、院（校）地联动、在线互动、创业拉动”科技扶贫“五动”模式。“十三五”以来，引导100多家科研院所和高等学校、200余家龙头企业投身脱贫攻坚主战场，组建科技特派员服务团140个，选派科技特派员2787人、“三区”科技人员2 250人次深入贫困一线服务，直接带动3.6万名贫困人口脱贫，辐射带动18万贫困农民人均增收1 000元以上。“四川科技扶贫在线”探索建立了基于“互联网+”的新型农村科技服务体系，建成省市县三级实体化运管中心104个，建立专家队伍1.9万人、信息员队伍5万余人，实现了12个市（州）、88个重点贫困县所有贫困村全覆盖，受到科技部副部长徐南平的充分肯定，并明确批示“要持续关注、重点扶持、择机推广”。

六是狠抓县域创新驱动发展开创新局面。坚持把县域作为创新驱动发展的底部基础和战略基点，制定出台《关于加快县域创新驱动发展的实施意见》，把规上高新技术企业销售占比、县域农业科技进步贡献率等科技创新指标纳入省委、省政府对县（市、区）经济发展的考核指标。实施县域科技创新专项，启动建设科技型企业 84 家、科技示范村 53 个。启动创新型县（市）创建，研究制定四川省创新型县（市）建设工作指引，开展县（市）创新能力监测，建立县域创新分级报告制度，金堂县、隆昌市、什邡市 3 个县（市）成功跻身于 2018 年首批国家创新型县（市）之列，数量居西部第一、全国第二。

七是狠抓科技人员创新创业取得新发展。省委全面深化改革小组研究出台 45 个涉农改革方案，在 21 家科研院所、62 个县（市、区）开展农业科技体制改革试点，制定出台了《四川省激励科技人员创新创业十六条政策》等一系列鼓励“大众创业、万众创新”的政策，探索形成了“项目化、组团式”创新创业改革举措。截至目前，全省已有 5 000 余名农业科技人员参与了改革试点，离岗创新创业科技人员 400 余人，创办企业实体 200 余家，兼职取酬科技人员 1 000 余人，作价入股等有偿转让成果项目 150 余项，农业科技人员创新创业活力得到空前释放。

（四）四川省对国家层面加快补齐农业农村科技创新短板的政策建议

一是加大农业科技创新投入。建议在科技创新经费中增加农业科技投入比重，调整农业科技投入地区分布，适当向省级科研单位及中小型科技企业倾斜。

二是激发科技人员创新活力。建议细化落实科技人员创新创业举措，破除部门间政策矛盾问题，落实科技创新与成果转化奖励收益，营造利于科技创新的良好氛围。

三是加大对县域创新的支持。支持县市设立功能健全的科技管理机构与服务机构，设立科技支持创新型县（市）专项，定向支持创新型县（市）、国家农业科技园区等建设，提升县域科技创新与成果转化应用能力。

（执笔人：四川省科技厅）

五、重庆市农业农村科技创新调研报告

（一）重庆市农业农村科技创新基本情况

1. 农业科技创新主体不断壮大

重庆市现有涉农科研机构 10 个、涉农院校 9 所，市级以上农业科技创新平台 105 个，各类创新人才近 2 000 人，农业科研院所、高等院校仍然是当前农业科技创新的主导力量。全市现有农业科技园区 22 个（其中国家级 11 个），已成为推进产学研结合发展的综合创新示范基地和农业企业的产业培育基地。农业龙头企业对于技术研发和创新

更加重视，成为农业科技创新的重要力量。新增种养大户、家庭农场等新型农业经营主体2万余个，现有各类新型农业经营主体20余万个，承担着农业科技成果应用与创新扩散的双重角色。

2. 产学研推一体化加快推进

围绕全市重点山地特色高效农业，建立了柑橘、榨菜、草食牲畜、生态渔业、中药材、茶叶、调味品、荞麦和蚕桑等特色产业技术体系创新团队，组建“农科教、产学研”一体化农技推广联盟67个，市农科院与10个区县开展“院地”科技合作，市畜科院与56家农业龙头企业开展“院企”合作，建立试验示范基地、转化推广先进适用技术成果，增加直接经济效益超过10亿元。

3. 农业农村科技水平持续提高

全市农业科技进步贡献率由2012年的54%提高到2018年的58.6%，提高了4.6个百分点。水稻、玉米等主要农作物良种覆盖率达到96.5%，粮食单产水平由2015年的346.7千克/亩提高到2018年的356.6千克/亩，提高了2.9%。全市测土配方施肥技术覆盖率达到90%，双减成效明显。农业标准化进程不断加快，农产品质量安全水平明显提高，2018年全市主要农产品综合抽检合格率达到98.1%。

4. 农业科技推动生产方式加快转变

在耕地、投入品、外部竞争等资源约束加剧的条件下，农业科技创新对全市现代农业农村经济社会发展的引领和支撑作用不断提升，农业生产方式加快转变。主要农作物耕种收综合机械化率提高到49%，绿色防控覆盖率和统防统治覆盖率分别提高到29.8%和35.27%，适度规模经营面积达到1 292万亩，规模经营集中度提高到37.3%。

5. 农业科技创新在关键领域取得重要突破

“十三五”以来，通过组织实施一批重大主题专项、重点研发项目和农业科技计划等项目，在生物育种、农机装备、农业资源高效利用等领域展开重点攻关，累计承担动植物品种选育、农作物品种改良、农业生物技术研发和农业新技术开发等各类科研项目926项，申请专利359项，审（鉴）定登记农作物新品种535个、引进主要农作物新品种312个，获得省部级以上奖励67项，取得了一批重大关键技术以及具有重大突破的农业科技成果。

6. 农业科技支撑精准扶贫成效显著

针对贫困地区农业产业发展存在的突出短板以及产前、产中、产后关键环节，以18个深度贫困乡镇为重点，一方面依托涉农科研院校深入实施“科技帮扶行动”，结对帮扶贫困户11.7万户，培训贫困户12.63万户，贫困群众内生动力和发展能力得到进一步增强；另一方面大力实施科技精准扶贫千村特派员工程，选派2 148名科技特派员和372名国家“三区”科技人才深入贫困乡镇、农村开展示范推广新品种、新技术、产业技术指导、农村电子商务等科技服务，实现了科技特派员深度贫困乡镇、贫困村科技服务的“全覆盖”。在各级农业科技人员的持续帮扶下，全市实施产业扶贫项目1.6万个，指导帮扶贫困户35万余户，农业科技扶贫成效显著。

（二）重庆市农业农村科技创新的短板及成因分析

1. 农业科技投入不足

近年来，全市持续加大财政农业科技投入力度，但农业科技经费总量投入仍然不足，农业科技创新和科技推广资金缺口较大。一方面，市级财政投入总量不足，全市R&D投入强度2.01%，低于全国平均水平；农业科技投入强度仅为0.8%，低于全市各行业平均水平。另一方面，涉农科研机构经费投入不足、支持制度不完善，科研基地“有钱建设、无钱维持”，科研工作“创收大于创新”的现象依然存在。

2. 农业科技创新人才短缺

全市农业科技人才总量不足、结构不合理，农业科研院所对高素质科研人才引进难、培养难、留住难。同时，农业科技人才缺乏和人才使用浪费现象并存，严重制约了全市农业科技创新水平提档升级。从总量上看，全市各类农业科研创新人才占农业从业人员比例不足0.03%，领军人才、拔尖人才、学科带头人以及新兴学科人才更是严重短缺。从结构上看，学科分布不合理、高水平科研人才紧缺、金字塔型结构被打破、的问题更加突出。

3. 农业科技创新与科技服务供给能力不强

近年来，虽然重庆市农业科技创新能力和推广应用水平不断提高，但与全面推进乡村振兴战略和实现农业农村现代化发展的需求相比，涉农高水平高等院校、农业科研院所以及高水平涉农优势学科较少，科研实力不强；科研院所与高校科研力量分散，各自为战，协同创新机制不健全；重大研发平台和综合性基地数量偏少，农业科技型企业偏少，高水平科技服务供给能力有待进一步提高。

4. 市场型科技创新主体地位薄弱

“十三五”以来，全市农业企业不断发展壮大，成为推动现代农业快速发展的重要力量，但农业企业、社会组织以及民间资本等常态化投入机制尚未完全建立，农业企业等市场创新主体地位不突出，技术创新动力不足、新投入总量偏低、技术创新能力不强，与发达国家地区的农业企业作为主要创新主体发挥作用的状况相比差距较大。

5. 农业科技创新管理机制不完善

“十三五”以来，重庆市科技局出台了《重庆市科研机构技术创新与成果转化引导专项实施细则的通知》《重庆市科研机构绩效激励引导专项实施细则》《重庆市科研项目管理办法》《重庆市科技人才分类评价实施方案》等一系列支持科技创新、加强科技人才管理的政策文件，有效激发和释放了全市科技人才的创新创业活力。但依然存在科技人才和成果价机制、科技创新激励机制不健全的问题。

（三）重庆市促进农业农村科技创新的重大改革与政策措施

1. 坚持深化改革，激发农业科技创新活力

认真贯彻落实中央，市委和市政府关于科技创新驱动发展战略的重大决策，积极探索农业科技机制创新。试点股权奖励、分红奖励、收益分成等激励方式，促进农业科技成果转化运用。下放科技成果使用、处置和收益权，鼓励科技人员创新创业，职称评定优先向科研一线骨干人员倾斜等方面的具体支持政策，进一步激活了农业科技人员创新潜力，提高了农业科技人员创新效率。

2. 坚持问题导向，破解农业科技创新发展难题

立足现代山地特色高效农业发展技术需求，把解决产业发展技术问题，作为检验农业科技进步的重要标准。针对柑橘、榨菜、草食牲畜、生态渔业、中药材、茶叶、调味品和荞麦等征集技术需求351项，从中筛选163项急需技术难题进行联合攻关，有效解决了晚熟柑橘枯水落果、榨菜根肿病防治、生态鱼低碳循环流水养殖、夏秋季鲜叶原料加工、生姜连作障碍修复等技术难题146项，有效避免农业科研与农业生产“两张皮”脱节的突出问题。

3. 坚持信息引领，以大数据智能化提升传统农业

聚焦“互联网+现代农业”，建立农业大数据智能化系统，形成上下联合、内外联动的资源信息共享平台。推广应用测土配方施肥信息管理、农作物有害生物信息监测、畜禽水产智能化养殖关键技术，直接增加产值35亿元。巫溪、城口等10个区县建立马铃薯晚疫病监测信息系统，薯农户均增收1 000元以上。长寿、江津等11个区县建立柑橘传感灌溉信息系统，平均每亩增产209公斤。

4. 坚持技能提升，把科技服务作为农业科技工作重要任务

加大科技特派员选派和支持力度，把种养殖大户、家庭农场主、农民合作社负责人和农业龙头企业技术骨干作为主要服务对象，把粮油绿色生产攻关、蔬菜高效栽培、水产生态养殖、农作物防灾减灾、病虫统防统治、畜禽健康饲养、动物疫病防控、农机农艺融合、鲜活农产品产地初加工和农业信息化运用等一批先进关键配套技术，作为主要帮扶内容，着力提升生产技术能力，不断适应现代山地特色高效农业发展技术需要。

（四）重庆市对国家层面加快补齐农业农村科技创新短板的政策建议

1. 激励农业科技人才创新积极性

一是出台向基层农业技术人才倾斜的考试录用优惠政策；二是制定优惠激励政策，

鼓励应届毕业大学生到基层农技推广单位从事农技推广工作；三是落实科技人员科技成果收益分配政策，赋予科研人员科技成果收益分配权，进一步细化落实兼职取酬、成果权益分配办法。鼓励科研人员带着科研成果离岗创新创业。

2. 建立省市农业科研基础性工作财政支持制度

一是做好顶层设计，建立长期稳定支持机制；二是建立农业科学数据质量控制与开放共享制度，最大化公共品的社会效益；三是把农业科研基础工作纳入政府对省市级科研机构的年度目标责任制考核，配套建立法人、个人的奖励和惩戒制度；四是加强专项经费使用的绩效评估，提高财政资金的使用绩效。

3. 建立中央财政农业科技投入的地方转移支付机制

中央财政充分发挥财富二次分配的作用，扭转工业经济发达地区挤占农业剩余的老大难问题，有效矫正地区之间的不公平，确保农业基础产业的持续发展。从农业科技角度讲，就是改革省市之间以项目竞争争取财政资金的分配方式，从中央财政农业科技总投入中划出不低于50%的资金，由中央财政直接转移支付给省市。

4. 建立公益性农业科技创新体系

目前，我国省市农业科技创新体系沿袭了原苏联体制，科技研发和技术推广按两套体系平行设置，人为割断了研发与推广的有机联系，增加了研发、推广两大主体的协同成本。一方面，推广体系没有新技术、新成果的来源，推广工作遭遇无米之炊的尴尬；另一方面，研发部门不能及时获取农民的科技需求和技术应用效果反馈信息，新技术研究陷入盲人摸象的困境。为此，要深化省级农业科技体系改革，对农业技术推广机构承担的行政管理职能进行剥离后，整体并入农业科研机构，赋予新机构从事技术研发和技术推广服务的职能。

5. 优化完善科技特派员制度体系

深入实施科技特派员制度，加强科技特派员制度的顶层设计，整合卫生、教育、法律、乡村治理等科技人才资源，构建全服务领域、全产业链条的农业农村科技人才队伍；加大科技特派员创新创业支持力度，设立科技特派员服务乡村振兴专项，重点支持科技特派员创新创业；将科技特派员工作纳入派出单位年度考核指标，科技特派员到基层开展的帮扶和服务工作视为有效工作量；推进科技特派员在职称评定、人才项目评审等方面的政策落地，提振科技特派员创新创业积极性。

（执笔人：重庆市科技局）

六、河南省农业农村科技创新调研报告

（一）河南省农业农村科技创新基本情况

河南农业科技在全国有贡献、有地位、有影响，稳居全国第一方阵。河南省小麦、玉米、花生、芝麻、棉花、桃、早熟苹果、西瓜、甜瓜等品种选育水平全国领先。全省农业科技贡献率达到 60.7%，高于全国平均水平。全省主要农作物良种覆盖率保持在 97%以上，主要农作物耕种收综合机械化率达到 84.2%。主要农作物化肥利用率 38%，秸秆综合利用率 89%，居全国前列。

一是取得了一批标志性的创新成果。“十三五”以来，河南省农业领域获得国家科技进步二等奖 12 项、国家技术发明二等奖 1 项、自然科学二等奖 1 项，获得国家奖数量居国内前列。河南省培育的小麦新品种郑麦 9023、矮抗 58、郑麦 366、百农 207 等品种先后成为我国种植面积最大的小麦新品种，年推广面积 2 000 万亩以上，引领了我国小麦品种更新换代。河南省培育的玉米新品种郑单 958 已连续 16 年居全国玉米种植面积第一位。

二是创建了一批高水平创新平台。争取获批了国家生物育种产业技术创新中心、国家农机装备创新中心。拥有省部共建小麦玉米作物学、车用生物燃料技术、中棉所棉花生物学、拖拉机动力系统、省部共建作物逆境适应与改良等 5 家国家级重点实验室；河南农业大学小麦、普莱柯公司兽用药品等国家工程技术研究中心；小麦、小麦加工、速冻面米及调制食品、稻米精深加工等 4 个国家产业技术创新战略联盟；鹤壁、南阳、许昌等 14 家国家农业科技园区；洛阳乐活、周口天豫惠民等 73 家国家星创天地。

三是农业科技人才队伍不断壮大。河南省现有农业领域中国工程院院士 3 人、国家杰出青年 3 人、长江学者 2 人、中原学者 25 人，涌现出了张改平、张新友、喻树迅、许为钢、茹振钢、程相文、康相涛、汤继华、田克恭等一批国内知名专家，同时还有郑天存、沈天民、刘少林等一批农民科学家。

（二）河南省农业农村科技创新存在短板

虽然河南省农业科技创新工作取得不少成绩，但与中央和省委要求相比，与先进发达省份相比，与乡村振兴任务相比，还存在一些突出短板和问题，主要表现在：

一是农业科技原始创新能力不强，农业科技成果供给不足。与农业大省地位相比，河南省农业科技投入明显不足，仅占科技经费总额 10%左右，资金缺口较大，使得河南省农业科技发展缺乏足够的后劲，造成农业科技自主创新能力、原始创新能力与发达省份存在较大差距，特别是科技对未来发展的高新技术创新有待加强，农业信息技术、智能农机装备、农业生物技术等重点领域的技术创新不足；高层次科技创新人才，尤其是科技领军人才极度匮乏。2013 年以来，河南省新入选两院院士、国家杰出青年、国家青年千人计划、国家优秀青年等高层次人才仅 13 人，居全国第 22 位，与周围省份的差距巨大；高层次创新平台匮乏，目前河南省国家工程技术研究中心占全国总数的 2. 89%，国家重点实验室占全国总数的 2. 91%，仅相当于湖北省的一半左右。二者加起来只有 24 家，不到山东省的四成。

二是产学研合作不紧密，支撑农业农村发展的体制机制尚不完善。高等院校、科研院所促进科技成果转移转化的机制不完善，科技成果转化率整体偏低；虽然科技投入连年增加，但政府、企业、社会多元化、常态化投入机制还未建立，资金投入总量偏低，规模投资较小的问题依然存在。从科研物质条件投入看，河南省每名 R&D 人员研发仪器与设备支出为 3. 71 万元/年，远低于国家每人每年 6 万元标准。从人力投入看，河南省每万人从事科技活动人员 34 人，仅相当于全国平均水平的 54%；农业科技成果、先进适用技术转化推广难的问题依然没有得到很好解决，农业科技人员的创新潜能还没有得到充分的发挥。

三是农业农村自身创新创业能力不足，难以支撑乡村振兴的重任。农村基层科技工作仍然薄弱。受机构改革影响，全省县级科技局撤并现象严重，具有独立科技管理机构的县（市）不足 10%；县域企业特别是农业企业技术创新主体地位还未形成。目前全省高新技术企业 4 782 家，其中农业高新技术企业仅占约 10%。河南省开展创新活动的企业占比仅为 37. 6%，尚有 62. 4%的企业没有创新活动，企业 R&D（研究与发展）经费投入占主营收入比重与国家标准相差 4 倍；基层农业科技人才匮乏，50 岁以下农业科技人员流失严重。

（三）河南省农业农村科技创新主要举措

近年来，河南省认真贯彻落实习近平总书记重要讲话精神，着力解决问题短板，巩固提升优势领域，不断强化政策保障，培育壮大创新主体，统筹项目、人才、平台等创新资源，切实加大对农业农村科技创新的支持力度。

1. 强化综合科技政策保障

“十三五”以来，围绕农业领域产业升级、企业创新主体培育、体制机制改革、人才队伍建设等方面，先后制定出台了《河南省人民政府办公厅关于印发河南省高效种养业和绿色食品业转型升级行动方案》《河南省人民政府办公厅关于印发加快培育高新技术企业行动计划的通知》《中共河南省委办公厅 河南省人民政府办公厅关于实行以增加知识价值为导向分配政策的实施意见》《中共河南省委 河南省人民政府 关于深化人才发展体制机制改革加快人才强省建设的实施意见》《河南省科技支撑乡村振兴三年行动计划》等政策文件，为农业科技创新提供了政策保障。

2. 强化重大科技项目引领

立足打造全国重要的粮食生产核心区，巩固提升河南省农业科技创新优势，推动藏粮于地、藏粮于技，在积极争取国家创新资源的同时，持续加大重大科技专项的实施力度，力争取得原创性重大突破，以优势领域的局部突破带动产业整体提升，加快向价值链中高端攀升。“十三五”以来，河南省围绕粮食核心区建设，在作物新品种选育、农副产品加工、健康养殖、农业机械、农村信息化等方面相继启动了19项重大科技专项，累计投入省级财政经费1.125亿元，同时，争取15项国家重点研发计划在我省落地实施，获批中央财政经费4.79亿多元。这些专项的实施，有效提升了产业的创新能力和水平，促进了农业增效、农民增收，取得了良好的经济社会效益。如河南省农科院许为钢研究员主持的“高产优质小麦新品种郑麦7698的选育与应用”获得国家科技进步奖二等奖，建立了融入中国大宗面制品特性选择的强筋优质小麦品质育种技术体系，引领了我国优质强筋小麦品种产量水平迈上亩产700公斤的台阶，为提高我国大宗面制食品质量提供了新的品种类型。

3. 强化科技人才队伍建设

加速人才链、创新链、产业链深度融合，形成包括青年、优秀青年、杰出青年、中原科技创新、科技创业和产业创新领军人才、中原学者的梯次人才培养体系，大力培育和引进重点领域高层次和急需紧缺人才。一是强化长期稳定支持。出台《中原学者科学家工作室支持办法》，探索河南省顶尖人才和高端人才培养、引进、使用新模式，建立明确支持渠道，支持建立科学家工作室的中原学者潜心开展探索性、原创性研究。截至目前，共支持12名中原学者设立科学家工作室，其中农业领域中原学者6名，占总数的一半。二是着力培育青年科技人才。充分发挥NSFC-河南联合基金作用，深入实施省自然科学基金，以“人才+项目”的形式，在资助体系中设立杰青、优青、青年等支持青年科技人才的项目类别，着力打造青年人才培养品牌。三是打造基层科技人才队伍。启动实施科技特派员脱贫攻坚“十百千”工程，通过组织引导高校、科研院所科技人才深入基层、深入实践，在促进科技特派员自身快速成长的同时，也改善了农村人才短缺、技术匮乏、知识老化的问题，提高了基层群众科学文化素质，培养了一支农村实用人才队伍。

4. 强化企业创新主体培育

一是打好政策“组合拳”。制定出台《高新技术企业倍增计划实施方案》等支持创新型企业培育发展的若干政策，省财政对首次认定高新技术企业给予最高30万元的配套奖补。建立企业研发信息管理平台，执行研发投入备案制度，省市财政对备案企业研发费用，给予最高400万元的补贴。二是提升服务精准度。实施“千人万企”科技政策服务行动，遴选组建科技型企业服务队伍，充分发挥各类科技服务机构作用，为高新技术后备企业和科技型中小企业提供精准培训服务。三是强化科技金融支持。深入推进“科技贷”业务，充分发挥中原科创基金、自创区成果转化引导基金、自创区双创基金等科创类政府投资基金作用，对包括农业领域在的科技型企业，提供连续性资金扶持。

（四）河南省对国家层面加快补齐农业农村科技创新短板的政策建议

为推动农业农村高质量发展，结合河南省工作实际，现提出以下意见建议。

1. 加强政策引导和支持

建立健全农业科技创新及科技支撑乡村振兴的财政投入政策，完善资金投入机制。完善国家农业高新技术示范区、农业科技园区、星创天地的绩效评价和激励奖励政策；制定加大对农业高新技术企业的支持政策，充分发挥农业高新技术企业的带动作用。抓好已出台的县域创新意见等相关政策落实。按照国家整体战略布局，分门别类重点支持，比如，国家定位河南为粮食生产核心区，可加大对河南粮食全产业链的支持，在国家重点研发计划等方面对河南倾斜支持。

2. 加大培育人才队伍力度

发挥国家自然科学基金作用，扩大基金规模，加强现代农业基础科学研究，培养创新型人才；在创新人才推进计划及“万人计划”中，加大对农业农村领域创新人才、创业人才的支持力度。进一步加强对基层科技工作的组织领导和宏观指导，在基层建立一支爱农业、懂农业的农业科技管理和农业科技人才队伍。

3. 加大创新引领型平台建设力度

鼓励国内外行业龙头企业设立研发基地，与高校院所、科研机构加大产学研合作，开展联合攻关，加快突破制约产业发展的关键技术难题。在农业农村领域，新布局建设一批国家重点实验室、国家产业技术创新中心等国家级创新平台。

4. 积极培育壮大创新主体

积极发展一批创新能力强、成长速度快的“科技小巨人（培育）”企业，加大高新技术企业培育力度，吸引更多企业参与研究制定并积极承担国家科研项目，推动农业农村领域科技创新企业数量和质量持续提升。支持企业、高校、科研院所牵头建设产业技术创新联盟，协同解决制约我国农业农村领域相关产业发展的重大共性技术。

（执笔人：河南省科技厅）

七、江苏省农业农村科技创新调研报告

（一）江苏省农业农村科技创新做法和成效

近年来，江苏省科技厅紧紧围绕农业供给侧结构性改革这条主线，坚持创新驱动发展，聚焦科技惠民富民，大力加强农业科技自主创新，加快培育农业高新技术产业，注重完善农业创新创业服务体系，着力提高农业发展质量和效益。农业科技创新能力进一步提升，科技支撑引领现代农业发展贡献进一步加大。2019 年全省农业科技进步贡献率达 69.1%。

1. 加强农业科技创新，打造现代农业发展新动能

以省科技计划为主要抓手，不断优化农业科技创新方向，提高农业科技创新供给质量，围绕保障粮食安全和农业物质装备有效供给，重点抓好农业优良品种创新、农业前瞻性技术研发和粮食丰产科技工程等工作，并将其列入省委省政府重点工作加以考核。

（1）重点抓农业优良品种创新。一是组织实施品种创新科技项目，围绕动植物重要性状解析与育种技术研发、农业重大品种创新和成果转化、农业种质资源鉴定和新材料创制，“十三五”以来累计组织实施种业科技创新项目 200 多项，育成农作物新品种（系）645 个，其中主要农作物新品种（系）261 个，育成新品种数量位居全国前列。25 个水稻品种被国家认定为超级稻，占全国超级稻品种的 13.4%。江苏省在水稻、小麦、大豆、蔬果、花卉等领域的基因挖掘和育种技术水平全国领先。二是加强种业科研平台建设。建立了江苏省农业种质资源保护与利用平台、作物遗传与种质创新国家重点实验室等一大批创新平台。省农业种质资源保护与利用平台目前集聚农业种质资源约 6.3 万份。三是注重促进产学研融合创新。围绕种业产业技术创新链，组建了四个大类 23 个品种创新协作攻关组、58 个协作攻关小组和主要农作物种子产业技术创新战略联盟，引导企业和科研机构运用市场机制集聚创新资源，实现产学研有效结合。

（2）重点抓农业前瞻性和产业关键核心技术突破。一是加强前瞻性技术研发，注重前沿领域的学科交叉融合，重点加强生物技术、信息技术和智能装备技术等领域的技术攻关。“十三五”以来，共支持省重点研发计划农业前瞻性技术研发项目 100 多项。二是加强产业关键核心技术突破。重点支持农产品精深加工、农业重大物质装备、动物健康养殖等产业关键核心技术创新，促进产业高质量发展。在科技项目的支持下，“十三五”以来，开发新产品 260 多个、新工艺新技术 420 多项、新装备 70 多台，制定新技术规程 400 多项。三是加强重大科技集成创新和示范。重点支持化肥农药减施、作物绿色生产、资源循环高效利用等领域的农业绿色生产关键技术研发和集成示范。

（3）重点抓粮食丰产科技工程组织实施。2004 年以来，江苏省在先后承担国家粮

食丰产科技工程江苏实施区建设基础上，启动与配套实施了江苏省粮食丰产科技工程重大项目。一是创建了水稻丰产精确定量栽培技术体系，在全国20多个省（区、市）示范应用。二是建立了多熟制地区水稻机械化高产栽培技术体系，实现了机插水稻大面积亩产600公斤、千亩连片亩产750~800公斤的产量目标，在江苏兴化2014—2019年间连续创造了稻麦两熟制条件下机插水稻平均亩产超900公斤的纪录。三是创建了水稻优质清洁生产技术体系，并得到产业化开发与大面积生产应用。自粮丰工程实施以来，通过十多年的持续实施，粮食丰产科技工程项目已成为引领江苏粮食科技创新和支撑粮食产业发展的标志性示范工程，累计增产粮食1 200万吨以上，增效300亿元以上。

2. 加强农业园区建设，培育农业高新技术产业

以各类各级农业园区为创新创业主阵地，积极集聚创新资源、着力培育农业高新技术产业和农业特色产业。

（1）构建先行先试的农业园区工作体系。省级层面，为了将科教优势转化为现代农业发展优势，江苏早在1996年就在全国率先启动了省级农业科技示范园区建设，近年来更是将农业科技园区工作写入江苏省委一号文件和省政府工作报告，引导和推动各地加大对农业科技园区建设的支持力度。地方层面，各园区所在地政府把园区建设列入地方农业和农村经济发展重点工作加以考核；各园区结合各自特点，采取有针对性的举措，形成了全省一盘棋的园区建设工作体系。

（2）构建上下联动的农业园区政策支持体系。近年来，江苏不断在创新政策上抓突破、抓落实，推动体制机制不断创新。省级层面，省政府办公厅出台了《关于推进农业高新技术产业示范区建设发展的实施意见》；同时，积极推进省“科技创新40条”“人才新政26条”“科技改革30条”等“含金量高”的政策在农业科技园区落地见效。地方层面，各地在落实国家和省级政策的基础上，结合地方实际，纷纷制定了支持农业科技园区建设的政策举措。比如，淮安国家农业科技园区运用城乡建设用地增减挂钩、土地综合整治等政策，满足园区用地需求；扬州国家农业科技园区与国家政策性银行签订授信协议，解决基础设施建设资金缺口；泰州国家农业科技园区设立现代农业产业发展基金，满足创新型企业资金需求，有力推动了园区快速发展。

（3）构建各具特色的农业园区梯次发展体系。引导地方政府根据区域资源禀赋和产业特点，确定建设主题，梳理主导产业，创建创新平台，依靠科技创新解决制约区域农业发展的突出问题，着力形成可复制、可推广的农业园区建设模式。目前，江苏省构建了国家农高区、国家农业科技园区、省级农高区、省级农业科技园区的四级农业园区体系，南京国家农业高新技术产业示范区（以下简称南京农高区）成为全国首批2家国家农高区之一；建有国家级农业科技园区12家，基本实现设区市全覆盖；建有省级农业科技园区77家，涉农县（市、区）覆盖率达95%。国家级农业科技园区综合考评优秀率占全国的10%，数量居全国第一。园区农民人均可支配收入超过2.9万元，较全国

园区平均水平高33%。南京农高区抓住国家农高区建设契机，聚焦科技引领和高端高效，以“绿色智慧农业”为建设主题，以生物农业为主导产业，努力探索东部发达地区现代农业高质量发展新路径；连云港省级农高区以“循环农业”为主题，以精深加工为主导产业，着力破解地区农业资源趋紧、环境问题突出、生态系统退化等农业发展与粮食安全面临的关键和共性问题，努力探索欠发达地区农业可持续发展新路径。

3. 加强资源集聚，构建农业科技社会化服务新模式

按照我省实施乡村振兴战略的要求，江苏率先有效整合农村科技服务超市、星创天地、农业科技园区、科技特派员工作站和江苏省农业科技成果交易平台等科技服务资源，探索经济发达地区的农业社会化科技服务体系新模式，目前已初具规模。

（1）江苏特色的科技服务超市网络日益完善。江苏农村科技服务超市（以下简称科技服务超市）是江苏在全国率先探索建立的农业科技社会化服务的新模式。自2010年正式启动以来，科技服务超市坚持政府引导、企业主体、市场运作的建设理念，在体系建设、机制创新、服务成效等方面取得了长足进步，被科技部列为全国农村科技服务体系的重要模式之一。目前，江苏科技超市总店、分店、便利店总数达475家，覆盖全省主要涉农县（市、区），组建三级专家服务团队4 000多人。近五年，通过科技服务超市累计转化示范新成果8 675项，开展咨询培训活动5 050场次，培训农民47万人次，带动农民致富增收约86亿元。

（2）建设高水平专业化星创天地。我省以推进农业科技创新创业为目标，积极部署推进，强化政策引导、优化资源配置、创新培育方式，形成一批以国家（省级）农业科技园区、科技服务超市、农业科技型企业等为主要建设载体，开展全产业链与新业态服务的星创天地。常熟都市农业星创天地为入驻企业和创客提供大棚、水肥一体化、农业机械等农业生产设施，为企业和创客提供标准化种植、智慧农业生产管理和产品溯源等技术服务。海门家禽星创天地成立肉鸡产业创业与创新平台，建立了“五个统一”的利益联合机制，为入驻企业和创客统一供应苗鸡、统一销售商品成鸡、统一供应生产资料、统一技术培训、统一开展疫病防治。淮安智慧猪业星创天地依托南京农业大学淮安新农院科研优势，组织现代农业科技成果转化及相关服务，促进地方产业的结构优化，形成新的经济增长点。近年来，累计获得国家备案的“星创天地”有108家，覆盖全省80%的涉农县（市、区），孵化各类企业2 164家，培育创客1 571名。

（3）深入推行科技特派员制度。组织广大科技特派员深入基层，开展形式多样的科技服务，努力打通成果转化的“最后一公里”瓶颈。目前，我省累计建立科技特派员工作站475个，选派科技特派员52 864人，其中法人科技特派员582名、自然人科技特派员46 274人，组织实施各类农业科技项目1 542项，采取承包、租赁等方式与农民结成利益共同体600多家，直接培训农民700万人。涌现出一批如“时代楷模”赵亚夫、“全国五一劳动奖章”获得者潘洪强、“全国农技先进工作者”陈家振等优秀科技

特派员典型。一是针对苏北12个脱贫攻坚重点县，每年选派“三区”科技人员189名，瞄准贫困地区当前存在的科技和人才短板，开展创业式扶贫。在丰县、泗阳县尚未脱贫的22个经济薄弱村启动科技特派员结对帮扶项目。二是面向现代农业和农村发展需求，重点围绕科技特派员创业和服务过程中的关键环节，在良种培育、肥药创制、食品加工、疫病防控、设施农业以及农村民生等方面形成一批系列化、标准化的农业技术成果包，加快科技成果转化应用。三是以农村科技服务超市、星创天地、科技特派员工作站等为载体，整合科技、信息、资金、管理等现代生产要素，支持科技特派员面向农业特色产业和新型经营主体开展科技创新创业和服务。鼓励科技特派员以技术、资金等方式入股，创办、领办农业科技企业、农村专业技术协会、农业专业合作社等新型经营主体，与农民结成利益共享、风险共担的经济联合体。

（4）农业科技成果交易平台运行顺利。为解决农业科技成果交易过程中长期存在的“找不着”“谈不拢”“难落地”三大瓶颈问题，实现“创新链”与“产业链”无缝对接，打造农业科技成果转化的生态体系。从2017年起，江苏省依托互联网手段、云计算技术，汇聚最新的创新政策、专家、信息等资源，建设江苏省农业科技成果交易平台，展示最新技术、产品等科技成果，发布企业最新技术需求或委托开发等信息，为供需双方提供方便、快捷、高校的农业科技成果交易一站式服务。目前，有19家省内高校院所已发布739项成果，对接供需双方签约成果24项。

（二）江苏省农业科技创新短板、成因分析及具体措施

1. 农业科技成果转化率还不是太高，创新优势还不能有效转化为产业优势

虽然，江苏具有丰富的农业科技创新资源和科技成果，但是，目前农业科技成果转化率还不是太高，分析其原因有以下几个方面：一是成果信息渠道还不够畅通。一方面，科研人员手上的很多实用技术找不到合适的地方落地实施，另一方面，企业和农民需要的技术又不知道去哪里获取。二是许多科研成果尚处于实验室阶段，或者说还不是真正的有效成果，转化起来有困难或者转化市场风险很大。三是科研人员的科研方向与产业发展需求衔接不紧密，部分成果缺乏市场需求。针对以上问题，我们的做法是：一是建设完善农业科技成果交易公共平台，建立农业科技成果库及企业库，运用大数据技术对农业科技成果供需双方进行匹配和信息推送，提高农业科技成果交易供给效率。二是深入推进科技特派员制度，加强对科技特派员的激励和引导，让科技特派员真正成为科教单位与农村农民、科研成果与农业产业的一道有效的沟通桥梁。三是加强科技计划引导作用，在计划指南编制过程中，广泛征集建议，充分听取企业、科教单位、园区等各方面的意见，力求使计划指南符合创新需求。

2. 农业企业的创新主体地位还没有真正确立

从目前来看，江苏省的农业企业自主创新能力还比较薄弱，大多数企业的技术创新

投入不足、资源短缺、创新基础较差。农业领域高新技术企业数量偏少，江苏省高新技术企业现有 2.5 万家，涉农高新技术企业只有 340 家左右。为提高农业企业的创新能力，我们的做法是：一是积极推动农业科技型企业建设，努力提高农业企业创新主体地位，推动农业企业成为技术创新决策、研发投入和成果转化的主体，培育一批创新能力较强的农业龙头企业。二是进一步优化和完善项目形成机制，在项目组织环节，明确企业、高校、科研院所等各类创新主体在创新链不同环节的功能定位，激发各类主体创新激情和活力。对于产品开发和装备研制方面的科技项目，明确一定要由企业牵头组织实施。三是鼓励农业龙头企业牵头组建产业技术创新战略联盟，引导企业和科教单位加强市场为导向的产学研深度合作。

（三）江苏省对国家层面加快补齐农业农村科技创新短板的政策建议

1. 适当扩大农业高新技术领域范围

科技部门贯彻实施乡村振兴发展的主要着力点在于创新驱动产业兴旺发展。发展产业必须大力加强农业高新技术企业和农业创新型企业培育，为此，我们建议国家层面修改《国家重点支持的高新技术领域》，适当扩大涉农领域的支持范围，培育农业高新技术企业，推进农业高新技术产业发展。

2. 加大对农业企业的支持力度

一方面，鼓励有科技创新能力和基础的农业龙头型企业牵头实施国家重大项目，转化国家重大科技成果。另一方面，国家层面专门出台普惠性支持农业创新型企业的政策文件，支持量广面大的农业企业进一步发展。

3. 完善国家重点研发计划项目形成机制

充分注重学科交叉融合。如智能装备、农业信息化等领域，涉及的材料、工艺、可靠性设计、传感、智能控制等技术，在工业领域，无论在技术层面还是市场层面都已经相当成熟，农业领域完全可以参考甚至拿来直接使用。因此，在重大项目组织环节，建议充分吸纳交叉学科单位和科技人员参与进来，从而减少科技创新的风险，提高成果转化率。

4. 加大对农业高新技术产业示范区建设支持力度

研究制定支持政策和措施，出台支持国家农高区发展的指导性意见，推动农高区高质量发展。

（执笔人：江苏省科技厅）

八、宁夏回族自治区农业农村科技创新调研报告

（一）宁夏农业农村科技创新基本情况

“十三五”以来，宁夏回族自治区农业农村科技工作围绕特色优势产业，聚焦“一特三高”现代农业发展短板，统筹布局重大关键技术研究攻关、创新平台和人才团队建设、创新主体培育等工作，着力推进农业农村科技创新，取得积极进展。

1. 农业科技创新体制机制方面

自2017年自治区党委、政府出台《关于推进创新驱动战略的实施意见》以来，以产业创新为基础，以科技创新为核心，以开放创新为引领，以人才创新为支撑的区域特色创新发展格局，打造风生水起的创新生态，增强内生发展动力，将宁夏回族自治区建成西部地区转型发展的先行区。形成了社会公益性基础性科技创新稳定支持机制，通过实施农业育种专项，夯实了农业科技创新基础；制定了关于用好用活农业专业技术人员暂行办法、关于加强农业特色优势产业技术创新战略联盟建设的意见、自治区农业高新技术企业认定管理暂行办法等一系列政策性文件；立足建设创新发展先导区，出台了自治区现代农业科技创新示范区建设总体方案、宁夏回族自治区农业高新技术产业示范区建设管理办法和《关于加快县域创新驱动发展的实施意见》，对农业农村科技创新工作进行了系统部署；自治区人民政府办公厅印发《关于加强东西部科技合作推进开放创新实施方案的通知》，建立了东西部科技合作机制，从技术攻关、成果转化、平台共建、人才引进等方面，全面加强与东部发达省市和国家科研院所、高校的合作，激发了农业科技创新活力；出台了企业科技创新后补助、国家高新技术企业首次认定奖励等支持政策，营造了良好的农业农村科技创新氛围。

2. 农业科技推广服务体系建设方面

一是以农业科技园区为载体的农业科技成果转化服务体系建设积极推进。自2018年启动建设了宁夏现代农业科技创新示范区，通过依托宁夏贺兰山东麓葡萄酒产区，积极创建国家农业高新技术产业示范区。自治区下发了《宁夏贺兰山东麓葡萄酒产区创建国家农业高新技术产业示范区工作方案》和《自治区农业高新技术产业示范区建设管理办法》，认定银川自治区农业高新技术产业示范区，为创建国家农高区奠定基础。通过搭建创新平台，集聚创新资源，加强现代农业技术集成示范，积极推动国家农业科技园区建设。石嘴山、吴忠、固原国家农业科技园区通过综合评估，吴忠园区成为全国20家优秀园区之一。宁夏中卫国家农业科技园区顺利通过国家验收。通过创建16家自治业农业科技示范展示区，围绕枸杞、马铃薯、滩羊、肉牛、瓜菜、中药材等地方特色产业，加强新技术、新装备、新模式的集成示范，打造了地方特色农业创新样板。构建

国家农业高新技术产业示范区、国家农业科技园区和自治区农业科技示范展示区“三级农业科技园区”体系，充分发挥农业科技园区在科技成果转移转化中的辐射带动作用。二是培育形成了科技特派员、科技扶贫指导员和国家“三区”人才三支科技推广服务队伍。依托专项支持，广大科技人员在引领农民创业、助力脱贫攻坚、开展科技援助等方面发挥了重要作用。

3. 产业关键技术研究攻关方面

紧紧围绕自治区“1+4”农业特色优势产业发展需求，坚持“围绕产业、聚焦瓶颈、加强创新、重点突破”，初步形成了“现代种业创新+重大技术攻关+前沿技术探索+先进技术集成”为主的产业关键技术创新框架和“以需求为导向的项目形成机制”相结合的科技项目形成机制。稳定实施农业育种专项，培育小麦、水稻、枸杞等新品种26个；启动实施枸杞智能采摘、优质葡萄与葡萄酒生产、资源高效利用型设施蔬菜健康生产、枸杞功效重大基础研究、智慧农业、优质牛羊肉加工、特色果蔬冷链关键技术与装备研发、基于中药标准化的枸杞全程质控体系建设及健康产品开发等一批重大科技项目，围绕产业关键环节开展攻关，在支撑现代农业绿色生产、提质增效、持续发展等方面取得了一些阶段性成果，有效助推了农业精准化、智能化、现代化。

4. 农业科技创新主体培育方面

初步形成国家和自治区农业高新技术企业、“小巨人”企业、科技型中小企业三种不同类型和层次的创新主体培育体系，累计培育国家农业高新技术企业 5 家、自治区农业高新技术企业 38 家，“小巨人”企业 3 家，科技型中小企业近百家。依托宁夏农林科学院、宁夏大学、宁夏水利科学研究院等自治区主要涉农科研院所、高校，培育形成了学科相对合理、人员基本稳定的枸杞、葡萄、草畜、优质粮食、节水农业等科技创新团队，成为宁夏回族自治区农业科技创新的主要生力军。

5. 农业科技创新体系建设方面

先后建成农业类国家和自治区重点实验室 11 家、工程技术研究中心 36 家、技术创新中心 93 家，组建产业技术创新战略联盟 7 个，培育农业科技创新团队 18 个，全区农业技术人员总数达到 8 627 人。创新平台、创新团队在企业布局的占 70%以上，以企业为主体、市场为导向、产学研深度融合的技术创新体系逐步完善。

（二）宁夏农业农村科技创新短板

1. 农业科技创新人才不足

目前自治区从事农业科技创新的人才队伍主要集中在宁夏农林科学院、宁夏大学和水利、农牧、林业部门下属的部分事业单位，创新人才总量不足，特别是领军型人才、高层次人才缺乏，是制约宁夏回族自治区农业科技创新的最大瓶颈。

2. 农业科技创新总体水平不高

受人才、投入等创新资源限制，宁夏回族自治区农业科技研发总体水平不够高，部分科研成果与产业需求结合不紧，难以落地，能够支撑带动产业转型升级的原创性、突破性、颠覆性、战略性技术供给不足。农业企业的研发能力普遍不强，缺乏稳定的研发投入和研发团队。

3. 农业科技成果转化机制不活

近年来虽然在推进农业科技成果转化方面，采取了提高科研人员转化收益、建立成果登记发布制度等一系列措施，但成果转化的市场化机制尚未真正建立起来，缺乏推动农业科技成果熟化、中试、转化的专项资金支持，成果转化落地率不高。

（三）宁夏促进农业农村科技创新的重大改革与政策措施

1. 坚持走开放创新之路，着力推进东西部科技合作

习近平总书记视察宁夏时指出，“欠发达地区可以通过东西部联动和对口支援等机制来增加科技创新力量。”宁夏回族自治区坚持将深入贯彻总书记重要指示精神作为重大政治任务，在科技部的指导和东部兄弟省市的支持下，在银川两次召开东西部科技合作推进会，自治区出台了《加强东西部科技合作推进开放创新的实施方案》，推动东西部科技合作呈现风生水起态势。借助东西部科技合作，创建科技项目“双首席”“双主持”的人才柔性引进机制，实施农业合作项目 250 项、结对共建农业园区 3 个，组建了以中国枸杞研究院、中国（宁夏）奶业研究院、中国葡萄酒产业技术研究院、宁夏滩羊研究院、宁夏草牧业研究院和中国农科院科技成果转化基地、浙江农科院石嘴山农业科技创新产业研究院等为代表的新型研发机构和创新平台，引进创新团队 35 个，组织了 300 余名国家和东部高层次专家开展协同创新，转化新技术、新成果、新工艺 250 多项。创建了开放的宁夏农业科技创新体系，有力引领支撑了宁夏特色农业高质量发展。

2. 坚持激发创新活力，着力深化科技体制机制改革

认真贯彻习近平总书记关于科技部门要“抓战略、抓规划、抓政策、抓服务”的总体要求，着力深化科技体制机制改革，推动科研管理向创新服务转变，实现了重点突破。一是改革项目申报方式。充分尊重科研活动持续性规律，将科技项目申报由“限期申报、逾期不候”改为“常年受理、分批下达”，建成了“宁夏科技管理信息系统”，科技人员、有关单位可随时申报项目，科技厅及时组织评审入库立项，受到广大科技人员的普遍欢迎。二是启动以需求为导向的项目形成机制改革。围绕解决宁夏回族自治区长期存在的科技与经济“两张皮”、绝大多数企业有创新需求而无研发能力的问题，深入研究出台了《建立以需求为导向的科技项目形成机制改革方案》，组织广泛征集、凝练、发布自治区经济社会发展技术需求，推动科技项目形成机制由征集项目向征集需求

转变，通过科技成果引进对接、联合研发立项等方式，汇聚全国科技力量解决宁夏回族自治区企业关键技术瓶颈。这项改革措施引起了科技界的热烈反响，政府网站也进行了报道。三是建立项目立项预警谈话制度。加强和规范科研经费监管，坚持在项目立项下达前，组织对项目承担单位负责人、项目负责人和财务负责人进行集体预警谈话，把制度讲清楚，把风险说明白，把要求提出来，把责任落到位。四是优化科研项目管理方式。按照中央、国务院关于深化科技体制机制改革的决策部署，出台《优化科研管理提升科研绩效若干措施》《深化自治区项目评审、人才评价、机构评估改革的实施意见》《加强科研诚信建设的实施意见》等政策文件，着力构建以信任为前提、诚信为底线、更加符合创新发展规律和人才成长规律的科研管理机制，打破按照行政模式管理科技人员和科研经费的方式，突出项目负责人主导地位，赋予其更大技术路线选择权、预算调剂权、经费使用权和团队调整权。建立科研项目“两头严、中间松”管理机制，严立项、严验收，简化过程管理。改革项目评审机制，重大科技项目立项委托国家专业机构评审。改革项目任务管理方式，对高校、科研院所承担项目实行项目任务书管理，对企业承担项目实行合同制管理，有效提高了科研管理效能。

3. 坚持面向科技扶贫，着力助推特色产业扶贫

2018 年，联合科技部农村司开展“科技支宁”科技扶贫东西协作行动，组织 100 余名区内外专家，实施了小杂粮、肉牛、马铃薯、冷凉蔬菜、中药材 5 个科技扶贫项目，加速小杂粮渗水地膜种植、马铃薯粉垄种植、肉牛高效养殖模式、冷凉蔬菜绿色栽培、中药材原生态种植等先进科技成果转化推广，创建了政产学研用一体化的重大生产技术转化推广模式。小杂粮项目 2018 年、2019 年连续两年创造了杂交谷子亩产 646 公斤和 671 公斤宁夏历史之最，平均亩纯收入 1 300 元，最高达到 2 900 元。2019 年科技厅联合农业农村厅开展大面积示范推广，推广新技术新品种近 10 万亩，增收 1 亿元，有力推动了脱贫产业发展。草畜产业项目示范村在不到两年时间养殖规模由 2 100 头增加到 4 600 头。马铃薯产业项目实现亩均增产 20%以上，农民亩纯收入 2384 元。中药材产业项目实现户均药材收入 1.5 万元。冷凉蔬菜产业项目实现亩均增收节支 850 元以上。自 2013 年以来，宁夏回族自治区整合 670 名科技扶贫指导员、1 833 名国家“三区”人才和 3 300 名科技特派员，在全区 170 个深度贫困村和近 100 个贫困村实施了一批实用性和带动性强的科技扶贫项目，建立科技示范基地 300 多个，培育科技示范户 3.6 万户，培训农民 30 万人次，实现全区贫困村科技服务全覆盖，有效促进了贫困地区特色优势产业发展和农民脱贫致富。

（四）宁夏对国家层面加快补齐农业农村科技创新短板的政策建议

1. 指导宁夏农业科技园区建设

依托东西部科技合作机制，通过指导和牵线搭桥，推动宁夏与东部发达地区开展国

家农业科技园区互促共建，协调吸引科技资源向宁夏集聚，推进先进适用科技成果在宁夏各类农业科技园区落地转化。积极指导、支持宁夏自治区级农业高新技术产业示范区建设，培育争创国家农业高新技术产业示范区。

2. 支持宁夏建设国家级科技创新平台

依托葡萄酒、奶业等宁夏特色优势产业，在项目、人才和技术方面给支持，将宁夏葡萄酒产业技术研究院、奶业研究院积极培育建成国家葡萄酒产业技术创新中心、国家奶业技术创新中心。

3. 指导宁夏开展区域科技创新示范工程

针对宁夏乡村振兴不同区域发展实际需求，按照宁夏北部引黄灌区、中部干旱带和南部山区不同区域特点，由科技部组织指导，依托东西部科技合作机制，建立部区、市县联动机制，共同组织遴选一批科技需求，对接东部先进适用科技成果，推介一批生态产业、节能住房、智能服务等先进适用技术成果，帮助引进一批高层次科技人员，指导宁夏开展集成示范，支持宁夏创建可推广、可复制的区域乡村振兴科技示范样板。

（执笔人：宁夏回族自治区科技厅）

九、山东省农业农村科技创新调研报告

（一）山东省农业农村科技主要做法

近年来，山东省认真贯彻落实习近平总书记在山东调研时提出的“要给农业插上科技的翅膀”重要指示精神，紧紧围绕“创新、协调、绿色、开放、共享”五大发展理念，高度重视科技创新在创新发展中的核心地位，深入推进农业科技供给侧结构性改革，加快农业高端高质高效发展，使山东农业科技创新持续走在全国前列。

1. 全力推动农业关键共性技术的研发攻关

瞄准农业发展中的重大关键和共性技术问题，采取基础研究、应用研究一体化布局，着力破解农业发展中的技术瓶颈。一是不断加大对农业科技创新的投入。据不完全统计，2019 年省科技经费共安排农业科技创新、平台和人才共计 686 个项目，投入经费 7.32 亿元。覆盖了农、林、牧、渔、农机等各个领域。二是突出对省委、省政府重大部署和山东省优势农业领域发展需求的科技布局，加大对粮食、果蔬、畜禽的科技投入，确保粮食安全和民生需求。认真贯彻落实全省果品和畜牧现场会议精神，去年安排“现代果园智慧种植装备与大数据平台研发及示范应用”等果蔬类项目 20 余项，支持资金 9 350 万元。依托烟台农科院，建立省苹果·果业创新创业共同体，将给予 5 000 万

元的科技经费补助。安排“猪重大疫病快速检测与预警体系构建”等畜牧业科技项目 22 项，投入科研经费 9 415 万元。三是积极争取科技部和中科院的支持，推动中科院人才、项目和平台向山东省聚集，搭建国家级技术创新中心。2019 年，争取科技部、中科院农业科技经费 1. 6 亿余元。四是充分发挥人才是第一资源的作用，实施高效生态农业类泰山产业领军人才工程，支持高端人才项目 26 项，投入科研经费 5 200 万元。

2. 持之以恒实施农业良种工程

坚决贯彻执行习近平总书记“中国人的饭碗任何时候都要牢牢端在自己手上”的要求，把种业创新作为农业科技创新的重中之重，以提高自主创新品种供给率为目标，持续实施农业良种工程 25 年。围绕育种基础理论研究、种质资源保护与创新利用、突破性新品种培育和创制、人才及创新团队培养引进、创新平台搭建、现代科技型种业企业发展等，实施全链条创新，取得显著成效。首次从小麦近缘植物长穗偃麦草中克隆出抗赤霉病基因 Fhb7，并揭示了其抗病分子机制。携带该基因的材料已被多家单位用于小麦育种，表现出稳定的赤霉病抗性。这一发现为解决小麦赤霉病世界性难题找到了“金钥匙”。揭示了被子植物阻止多个花粉管进入胚珠的分子机制，进一步解析了植物有性生殖机理，对于生殖发育研究、作物产量提高、保护稀有物种的种质资源等具有重要意义。成果有望应用于作物杂交育种以及利用远缘杂交育种，在丰富种质资源、提升育种品质领域发挥重要作用。成功克隆了小麦抗条锈病基因 YrAS2388，开发了 YrAS2388 基因分子标记，为改良小麦和大麦等作物抗条锈病水平提供了新的基因资源；成功构建了世界上第一个甜瓜全基因组变异图谱，为甜瓜重要性状定向育种提供了较为精准的标记和基因资源；将进一步强化我国在瓜类作物基因组学与分子育种领域的国际领先地位；选育的“鲁丽”苹果新品种，以 1 000 万元高价创下我国苹果新品种转让费最高纪录，每年每亩可减少生产成本 1 000 元左右，对改善我国苹果品种结构，实现苹果产业节本增效和转型升级具有重要意义。据统计，全省累计计审（认）定农作物品种 1 547 个，国审农作物新品种 305 个，形成了‘济麦’‘登海’‘希森’‘鲁单’‘鲁棉研’‘花育’‘鲁禽’等多个系列品牌品种，良种覆盖率达到 98%以上，良种对粮食增产的贡献率 45%以上。全省建有国家工程技术研究中心 6 个，国家级农作物育种改良分中心等创新平台 6 个，省级种质资源保护中心 4 个，培养引进了 1 000 余名高层次种业科技人才。

3. 进一步建立和完善四级农业科技园区体系

经过多年的努力，山东省建立了以黄河三角洲国家农高区为龙头，以 20 个国家农业科技园区和 16 个省级农高区为骨干，以 121 个省级农业科技园为基础的四级农业科技园区体系，对农业科技创新资源的集聚、农业新技术示范样板的搭建以及对周边区域农村经济的辐射带动等发挥了重要作用，曾得到科技部、农业部和中国科学院等领导同志的高度肯定。认为山东省农业科技园区建设的模式吻合党中央“三农”工作精神，符合农业农村实际和基层需求，接地气、求实效、创品牌，形成了独具特色、可看、可学、可复制、可推广的模式。围绕农业科技园区体系完善和提升，一是认真贯彻落实省委全委会精神，全力推动黄三角国家农高区的改革，全面推进体制机制创新，努力打造全国农业科技创新的新高地。二是不断提升科技园区的科技创新能力和水平。通过争取科技部为黄三角农高区设立定向申报项目，连同省里凝练布局共安排42个科技园区项目，投入科技经费9 871万元。三是加强对科技园区的评价管理。2019年，全省16个国家级农业科技园区被科技部一次性通过评估验收。四是努力争取扩大园区数量。经科技部同意，已向科技部申报了2个国家级农业科技园区，有望实现全省各市国家级科技园区全覆盖。拟提请省政府批复新建3个省级农高区。

4. 全力推动农业科技成果转移转化

按照习近平总书记要把科技论文写在大地上的指示要求，采取综合配套举措，加快推动农业科技成果的转移转化。一是认真贯彻落实中央、国务院和省委、省政府关于科技成果转移转化收益分配政策，增强科技人员投身国民经济主战场的积极性。二是加强科技奖励和评价等相关政策的引导。把经济效益和社会效益作为涉农的科技进步奖等奖项评审评价的重要依据。近几年来，科技进步奖中的涉农项目一直保持较高比例。2019年，全省科技进步奖199项，涉农项目36项，其中一等奖25项，涉农项目5项。更为可喜的是，全省唯一一个科学技术最高奖被省农科院万书波院长摘得。三是切实加强科技特派员队伍建设，助力全省脱贫攻坚。提请省政府召开了全省科技特派员工作会议，建立了6 000余人的科技特派员队伍，带着448项农业科技技术和成果，深入全省8 654个省扶贫工作重点村，开展转移转化。同时，通过科技扶贫示范基地建设、科技项目示范和向西部地区派出200名科技人才等，全力完成科技扶贫任务目标。

（二）山东省农业农村科技存在问题及主要举措

当前，农业科技工作中存在的主要问题是，农业科技创新大而不强，有山少峰的问题还是不同程度的存在，特别是在农业基础研究领域与北京、上海、江苏、浙江等省（市）相比还有一定差距；农业科技项目指南与现代农业发展需求结合的还不够精准；县级科技行政管理部门职能弱化，在推进脱贫攻坚和乡村振兴等方面还难以满足农业产业发展和农民素质提升的需要。

针对以上问题，山东省主要采取了以下措施。一是全力推动农业关键共性技术的研发攻关；二是持之以恒实施农业良种工程；三是进一步建立和完善四级农业科技园区体系；四是全力推动农业科技成果转移转化。

（三）山东省农业农村科技政策建议

加大国家级创新平台在山东的部署和建设力度，支持黄河三角洲现代农业技术创新中心的建设。对现有的国家农业科技园区加大资金支持力度。

尽快实施科技创新2030—重大项目“种业自主创新工程”，提升我国种业创新能力和国际竞争力。

加大对县域科技创新能力提升的政策、资金支持力度，进一步强化基层科技服务体系建设。

制定出台更加细化的支持科技特派员创新创业的政策措施。

（执笔人：山东省科技厅）

十、黑龙江省农业农村科技创新调研报告

（一）黑龙江省农业农村科技创新基本情况

1. 农业资源得天独厚

黑龙江省位于世界“黄金玉米带”“黄金水稻带”“黄金奶牛带”和世界三大黑土带之一，具有发展现代农业得天独厚的资源优势。全省现有耕地面积2.39亿亩，占全国1/9强，居全国首位；人均耕地面积6.3亩，为全国平均水平的4.2倍。黑土面积占全国50.6%，土壤有机质含量3.62%，居全国之首，且光照充足，水资源丰富，雨热同季，昼夜温差大，耕地平坦，集中连片，利于大机械作业和规模化生产。同时，生态环境优越，拥有林地3.49亿亩（其中农田防护林696万亩，庇护农田1.56亿亩），草地3106万亩，森林覆盖率47%，森林蓄积量居全国首位。

2. 农业综合生产能力持续提升

黑龙江省农产品生产量大质优，粮食产量占全国1/9，商品量占全国1/6，产量和商品量均居全国第一位，成为维护国家粮食安全的“压舱石”。2018年，全省粮食总产量7 506.8万吨，连续八年位列全国首位；奶牛存栏105万头，肉牛、生猪、家禽出栏量分别达到27万头、1 964万头和24 633万只；生鲜乳产量455.9万吨，占全国14.8%，居全国第二位；肉类、蔬菜、水产品产量分别为247.6万吨、1 072.8万吨、62.4万吨；拥有农产品加工规上企业1 734户，农产品加工业产能稳定在6 000万吨左右，实现主营业务收入2 460.3亿元，乳制品加工能力、奶粉产量和婴幼儿配方奶粉产量均居全国第一位。全省已划定粮食生产功能区和重要农产品生产保护区1.68亿亩，建成高标准农田7 768万亩，其中高效节水灌溉农田1 858万亩。黑龙江省还是全国最大的绿色食品生产基地，2018年，全省绿色有机食品认证面积8 046万亩，约占全国1/5，已在全国树立起非转基因、寒地黑土、绿色有机高品质形象。

3. 农业现代化水平全国领先

黑龙江省农机总动力 6 082 万千瓦，主要农作物耕种收综合机械化率达 97%，居全国第一。200 亩以上土地规模经营总面积 1. 3 亿亩以上。“农业大数据一张图”框架基本搭建完成，建成 8 857 个益农信息社，实现行政村全覆盖，电商服务交易额达 2. 3 亿元。黑龙江农垦是全国最大的垦区，拥有耕地面积 4 300 万亩，粮食综合生产能力稳定在 200 亿公斤以上，粮食商品率达 94%以上，且农业基础设施完备，机械化、信息化水平和生产能力已经达到或超过发达国家水平，是名副其实的中国农业现代化的示范窗口。

4. 农业农村科技创新体系和平台建设不断完善

黑龙江省农业科技基础雄厚，拥有东北农业大学、黑龙江八一农垦大学、省农科院等农业大专院校和科研院所 41 家，农业科技和推广人员 4. 7 万名，形成了较为完备的农业科技创新体系和服务体系。截至 2019 年底，全省农业领域建有国家级重点实验室 2 家、省级重点实验室 63 家，国家级工程技术研究中心 3 家、省级技术创新中心 95 家，国家级技术创新战略联盟 4 家、省级技术创新战略联盟 24 家，国家级农业科技园区 5 家、省级农业科技园区 35 家，国家级星创天地 35 家，拥有国家级科研平台 90 多个，为推进由农业大省向农业强省迈进奠定了雄厚基础。

5. 农业农村科技创新成效显著

黑龙江省粳稻、大豆育种水平处于全国领先水平。主要农作物、畜禽品种良种覆盖率分别达到 98%、95%。其中，龙粳 31 年最大种植面积近 1 700 万亩，成为我国年种植面积最大水稻品种；2018 年大豆种植面积 5351. 6 万亩，产量 131. 6 亿斤，为全国最大大豆产区。模式化栽培、病虫害防治水平全国领先。畜禽养殖规模化率、水产健康养殖示范面积比重分别为 56%、59. 6%。攻克了精细耕作、精量播种、高效施肥、精准施药、节水灌溉、低损收获等关键的核心技术，支撑企业研发生产农业生产急需的多种农机新产品，形成了与我国农业发展水平基本相适应的大、中、小机型和高、中、低档兼具的农机产品体系。2018 年，全省农业科技贡献率达 67. 1%，高于全国 8. 8 个百分点。“十三五”以来，组织实施国家重大科技专项、重点研发项目、中央引导地方科技发展专项资金项目等国家各类科技项目 45 项、国拨经费 3. 64 亿元，组织实施省级科技计划项目 37 项、投入经费 1. 21 亿元，登记农业科技成果 1 332 项，应用农业技术成果 1 103 项，为着力解决全省农业农村领域关键技术问题，引领农业和农村经济发展，起到了极为重要的作用。其中“黑龙江低温黑土区春玉米、粳稻全程机械化丰产增效技术集成与示范”国家重点研发项目，建立黑龙江低温黑土区干旱半干旱区、半湿润区、湿润区春玉米、粳稻全程机械化丰产增效技术模式并进行大面积示范，示范推广 2 287. 4 万亩，增产玉米、水稻 91. 9 万吨，增加效益 17. 56 亿元。“主要农作物种质资源创新与规模化制繁种技术研究”省级重点研发项目，选育水稻、玉米、大豆新品种 38 个；转让品种

21 个，转让金额 1 505. 5 万元；销售种子 1. 35 万吨，实现销售收入 3. 06 亿元、利润 2 970万元。

（二）黑龙江省农业农村科技创新的短板及成因

1. 耕地质量退化明显

当前，黑龙江省粮食生产过度依赖化肥投入，作物秸秆还田利用率低，2018 年，全省亩均化肥使用量 11. 16 公斤，耕地质量退化明显、可持续生产能力降低。主产作物长期连作造成农田病虫草害加重，土壤抗御旱涝和降解污染物能力降低。黑土层厚度由原来的 60~80 厘米减少到 20~30 厘米。农业面源污染、地下水超采、水土流失、黑土层变薄、有机质下降、土壤沙化等问题不容忽视。这与长期以来过度垦殖、重用轻养和黑土保护科研投入不足不无关系。

2. 耕作栽培技术标准化程度低

黑龙江省尚未健全与优良品种相适应的“育、繁、推、服”现代化生产模式，高产配套栽培技术研究滞后，农机与农艺融合不够，良种、良法、良田结合低，优质品种覆盖率不高，农业先进适用技术到位率低，传统种植方式比较普遍。由于气候急剧变化，造成作物病虫草害严重，导致农民用药量过高，严重影响粮食安全和食品安全，2018 年，全省亩均农药使用量为 0. 35 公斤，而利用率却仅为 41. 6%。农药用量过大，不但造成土壤残留过高，而且导致下茬作物受害严重，同时严重影响作物布局调整，迫切需要建立以秸秆还田为核心的耕作栽培标准化技术，实现规模化、轻简化、标准化作业。

3. 优质高产农作物新品种不足

黑龙江省农作物新品种选育仍以常规育种技术为主，效率低，盲目性大，缺乏优质、高产、抗病、耐冷、抗倒的突破性品种和主打品种。如玉米品种，南有‘先玉335’‘郑单 958’，北有德美亚的状况短期内难以改变，缺少满足调结构、去库存急需的低含水量玉米品种；大豆品种生产潜力不够，产量低，品质不高，亩产低于世界平均水平 30~40 公斤，低于美国、巴西 50~60 公斤，含油量低于进口大豆，品种抗病、抗逆和适应性等都有待提升，高蛋白生育期短的品种严重缺乏；水稻品种亦是如此，第三积温带水稻种植以高产品种“龙粳 31”为主，国家级优质米水稻品种缺乏，后备品种单一，品种抗倒、抗病性有待提高。

4. 畜牧业技术水平有待提升

尽管黑龙江省是畜牧业大省，但却大而不强。一是养殖技术水平低，产业化程度不高。种质资源严重依赖进口，奶牛、猪肉、鸡肉、蛋鸡总产量的 90%、90%、60%和50%的种源都依赖于进口，动牧草繁育、饲料添加剂生产加工方面先进技术缺乏，养殖综合竞争力不高，养殖成本持续居高不下，且市场品种混杂，良莠不齐。二是研发能力不足，绿特优品牌不多。畜产品品牌开发力度弱，且产品研发始终处于“跟跑”阶段、严重缺乏“领跑”的创新产品，产品同质化严重，“绿、特、优”优质产品缺乏，品种优势和品牌认知度不高。三是基础设施设备投入少，基础设施和设备简陋，饲养环境差，养殖废弃物无害化及资源化利用先进技术缺乏，畜禽疾病频繁发生。四是新发外来烈性动物疫病和人畜共患病防控技术战略储备不足，缺乏生物安全基础设施条件，动物疫病防治和重大烈性传染病防控技术研究及相关基础研究明显落后于发达国家。

5. 农产品加工业科技创新供给不足

黑龙江省虽是农业大省，但2018年农产品加工主营业务收入却仅为2 460.3亿元，农产品加工业发展不十分理想。造成这一局面的原因有三：一是企业创新能力不强。全省企业R&D投入意识不强，2018年，全省企业研发投入仅占全社会研发投入的46.6%，比全国水平（77.4%）低30.8个百分点，而当年全省研发经费投入才135亿元，较上年减少11.6亿元，企业研发投入过低，致使技术创新活动仅维持在对一些低端技术的研发上，无法适应产业链延伸和产品提档升级的需求，影响了全省农产品加工业的发展，农产品加工增值作用微弱，加工产品在全国有影响力的品牌很少，农业资源优势没有完全转变为产品优势。二是农产品深加工企业规模小能力弱。全省农产品加工企业中小企业多，龙头企业少，精深加工明显不足，深加工产业链短、价值链低，产品附加值不高，副产物综合利用率低，产品品种单一，同质化严重。全省农产品加工业产值与农业总产值之比仅为0.62∶1，远低于全国2.3∶1的平均水平。三是农产品加工业技术水平不足发展相对滞后。由于技术水平不足，导致主要农产品加工转化率仅为53%，且初级加工企业比重过大，全省农副产品加工企业中，初级加工企业高达76.98%。在全省已确认的14个绿色名牌农产品中，加工率只有40%，二次以上的深加工仅占20%。

6. 高端及专用农机创新能力不强

黑龙江省农机发展存在三个发展短板，一是自主创新能力不足，高端农机产品依赖进口。2018年全省主要农作物综合机械化水平虽高达到97%，但由于自主创新能力不足，其中高端农机装备仍以发达国家进口产品为主，省内农机装备产业小而不强。2017年，全省农机制造业规模以上企业为62家，产品有14大类、300多个品种、1 500多种规格，但由于竞争力不强，主营业务收入从2015年的122.8亿元下降到2017年的74.7亿元，本省市场占有率不足20% 。二是畜牧业装备自动化、智能化水平低。奶牛饲喂、挤奶等设备自动化、智能化程度低，大部分依赖进口；数字化、网络化的现代牧场管理技术手段缺乏，导致生产能力低、效益差，制约了全省奶业发展；设施肉牛、肉羊、奶羊等养殖自动化装备也十分缺乏。三是特色经济作物机械供给能力不足。大田蔬菜种植和收获装备缺乏，且各种蔬菜收获机型不能兼用，影响了规模化发展。同时，工业大麻全程机械化装备尤其是收获机械缺乏，北药种植和采收环节机械化水平低，食用菌采摘机械有待开发。

7. 平原农田防护林防护功能退化

黑龙江省平原农田防护林建设对抵御自然灾害，保障农业高产、稳产，实现区域绿色可持续发展具有不可替代的作用。但是，由于创新能力不足，技术成果示范性不强，有关农田防护林的研究多局限于区域性、小范围的技术研发，未产生集成示范效果，不仅影响了技术成果的成熟度，而且限制了关键技术的针对性，使全省现有平原农田防护林林相不整齐，成过熟林和低效林占34%，缺树断空及病腐林分多达9万公顷；树种、结构单一，杨树占70%~80%，生态系统稳定性差；病虫为害严重，年发生面积300万亩以上；部分防护林功能提前退化乃至全丧失，重度退化防护林面积超过全省防护林总面积40%，每年因防护功能衰退造成的粮食产量损失达全省粮食总产量的10%以上，限制了平原农田防护林整体生态防护功能的发挥，对全省农业可持续发展产生了长期、重大影响。

（三）黑龙江省促进农业农村科技创新的重大改革与政策措施

1. 不断完善创新创业政策法规体系

重新修订《黑龙江省科学技术进步条例》，制定出台《黑龙江省促进科技成果转化条例》，更多创新创业活动获得法律保护。出台《中共黑龙江省委 黑龙江省人民政府关于大力促进高新技术成果产业化的意见》《关于深入实施创新驱动发展战略推进科技强省建设的若干意见》等一系列重要举措，持续加大科技创新创业支持力度，加快建立集聚人才体制机制，推动科研组织实施与市场需求的有效结合。

2. 启动实施农业科技重大专项

围绕“百千万”工程的实施，谋划玉米加工、水稻及大豆加工、乳制品及肉类加工、生物育种、智能农机装备5个科技重大专项，2019年启动了除智能农机装备外其余4个科技重大专项10个项目，投入经费6 067万元，力求通过整合农业科技创新资源，加强产学研攻关，提升科技创新对百亿级企业、千亿级产业和万亿产业集群发展的可持续支撑能力。

（四）加快补齐黑龙江省农业农村科技创新短板的政策建议

1. 发挥黑龙江省“压舱石”作用

建议把当好维护国家粮食安全的“压舱石”作为首要政治任务，深入实施藏粮于地、藏粮于技战略，充分发挥黑龙江省粮食源头农业科技创新能力的作用，强化科研人才队伍的培养和稳定，加大对农业科技园区的支持力度，加强对粮食大省的政策倾斜和科技计划项目的落地，支持整合农业科技资源进行农业科技创新，以充足的科研经费和搭建良好的创新平台，为黑龙江这块粮食“压舱石”做出更大贡献。

2. 加大畜牧产业投入和培育

建议加大对新型养殖主体的孵化、培育和促进发展壮大；加大对技能型、产业型、实用型科研工作者的鼓励和支持，促进科技成果转化；加大对新型畜禽新品种选育、生产工艺创新、应用技能培训、关键技术提升、示范基地建设等方面的科研项目支持，并加大对人才培养的支持力度；支持进一步完善科技创新体系，确保动物疫病防控科技创新资源有效配置，形成动物疫病防控国家战略科技力量；支持构建完善的新发外来动物疫病和人畜共患病预警、防控技术体系，加强对非洲猪瘟等外来烈性动物疫病和人畜共患病科技创新和技术储备研究的支持力度；简并转基因安全评价相关重复步骤，同步进行转基因安全评价和临床评价，加快动物疫苗研发评价进程。

3. 提高农业机械创新竞争力

建议坚持以科技创新为引领，面向世界农机装备科技前沿和农业现代化发展需求，围绕农机装备自动化、信息化、智能化关键核心技术以及精量播种、高效施肥、精准施药、节水灌溉、高效收获、精细加工等高性能智能装备，推进联合创新攻关，支持研发并推广应用先进适用、安全可靠、生产急需和高端的智能农机装备，提高关键核心技术创新能力，掌握产业竞争和发展主动权。聚焦薄弱环节、薄弱区域、特色农业弱项短板，支持农机农艺融合加快发展高效绿色农业机械化技术，解决薄弱环节“无机可用”问题。推进“互联网+农机作业”，支持发展农机作业导航检测、植保无人机航化作业质量监控平台，加强主要农作物生产全程机械化技术集成示范与推广，努力提高农机装备科技进步贡献率，促进农业机械化提档升级，提高产业竞争能力。

4. 做大做强农产品加工业

建议瞄准农产品加工领域科技前沿，加强对科技创新项目进行布局，强化顶层设计，集中力量，组织产学研联合攻关，突破农产品加工领域重大关键、共性技术，全面提升科技创新能力，支撑农产品加工产业持续发展。加大对企业创新的投入，支持加快具有自主知识产权的重大技术、核心技术的研发，支持以企业为载体，加快科技成果推广应用，面向市场开发新产品。培育和扶持一批有竞争优势和带动力强的集团型加工企业，增强整体带动能力，同时加快扶持一批产品科技含量高的中小型企业，完善产业组织形式，形成以大型企业为主导、中小企业集群配套的产业结构。

5. 加大平原农田防护林生态修复研发力度

建议面向保障国家粮食和生态安全的重大需求，以实现农田防护林功能提升为目标，支持研发平原农田防护林体系生态修复关键种选择、中龄林结构优化、成过熟林更新、低效林生态修复与功能提升技术，区域防护林体系空间优化配置技术，多功能防护林构建与生态产品开发技术，病虫害防治技术，加快平原农田防护林成过熟林更新换代，通过调整林分树种结构、层次结构和林分密度，增强林分稳定性，改善林分生境，提高平原农田防护林整体生态防护功能，有效保护农业绿色和可持续发展。

（执笔人：黑龙江省科技厅）

主要参考文献

陈丽佳，周海涛，翁锦玉，2008. 地区农业科技竞争力指标评价体系构建研究［J］. 科技管理（7）：144-146.

符友知，董建辉，盛敏，等，2019. 农业科研人才分类评价的探索与实践——以湖北省农业科学院为例［J］. 湖北农业科学，58（22）：206.

龚雅婷，孙立新，毛世平，2018. 英国农业科技政策及对我国的启示［J］. 农业现代化研究，39（4）：559-566.

李剑蓓，冯锐，李云翔，等，2015. 对农业科技人才科学评价的思考［J］. 农业科技管理，34（2）：73-76.

刘莹，2013. 农业科技竞争力指标体系的构建及其动态回归研究［J］. 山东社会科学（11）：157-160.

谭淑豪，谭仲春，2014. 中国农业知识创新体系的构建与思考——基于对荷兰农业知识创新系统的考察与借鉴［J］. 中州学刊（7）：44-50.

王志刚，2019. 新时代建设科技强国的战略路径［J］. 中国科学院院刊，34（10）：1112-1116.

温春生，龚殿，刘东，等，2017. 对农业高层次创新人才队伍建设的思考［J］. 人才资源开发，1：19-21.

吴金玉，2016. 关于创新农业农村人才评价机制的思考［J］. 种子科技（34）：47.

玄兆辉，曹琴，孙云杰，2018. 世界科技强国内涵与评价指标体系［J］. 中国科技论坛（12）：28-34.

张德远，吴方卫，2004. 国外农业科研领域中公共部门与私人部门的合作［J］. 农业经济问题（1）：72-76.

张晓泉，赵闰，沈孚，等，2018. 科研人才激励与评价机制研究——以农业科研院所为例［J］. 中国农机化学报，39（12）：118-122.

张志强，田倩飞，陈云伟，2018. 科技强国主要科技指标体系比较研究［J］. 中国科学院院刊，33（10）：1052-1063.

赵达，曲傲，冯世德，2015. 高等农业院校高层次人才队伍建设刍议［J］. 牡丹江师范学院学报（哲学社会科学版），4：140-142.
赵惠娟，刘妮雅，杨伟坤，2015. 农业科技创新体系中企业主体地位的美国经验与启示［J］. 世界农业（7）：52-55.
郑丹，徐海峰，杜鹃，徐世艳，2012. 农业科技竞争力研究进展——基于文献综述的视角［J］. 农业科技管理，31（2）：12-15.
庄文才，张劲松，姚文山，等，2010. 高层次农业科技人才队伍建设问题研究［J］. 农业科技管理，29（4）：86-89.